SIMONE BERNO

TAROT DE MISSIONS DE VIE

SOLAR EDITIONS

SOMMAIRE

INTRODUCTION

COMMENT TIRER LES CARTES ?

CHAPITRE 1 : APPRENDRE À MIEUX SE CONNAÎTRE GRÂCE AU PARCOURS DES 22 ARCANES MAJEURS

CHAPITRE 2 : DÉVERROUILLER LES OBSTACLES INTÉRIEURS GRÂCE AU TIRAGE DE L'OMBRE ET DE LA LUMIÈRE

CHAPITRE 3 : SE RÉALISER GRÂCE AU TAROT DE MISSIONS DE VIE

CHAPITRE 4 : LA LUMIÈRE COMPLÉMENTAIRE DES ARCANES MINEURS

CONCLUSION

INTRODUCTION

LES NÉCESSITÉS DU MOMENT : SE POSER LES BONNES QUESTIONS ET SAVOIR Y RÉPONDRE

Certaines périodes nous imposent des exigences nouvelles et font appel à notre besoin de transformation (lorsqu'on se sent face à un mur dans notre vie pro, perso ou dans nos relations...). Dans ces moments, des peurs, des incertitudes et des doutes peuvent nous habiter. Nous avons besoin d'éclairage et de chemins pour nous aider à trouver les véritables voies d'évolution. Nous avons besoin de comprendre quels choix sont les plus adaptés, quelles attitudes développer pour être le plus en accord avec nous-mêmes, comment nous donner les moyens de réaliser nos projets, mais aussi de bien les définir, comment être plus heureux et œuvrer pour un monde meilleur, et enfin comment mieux vivre avec les autres dans le respect de chacun.

Pour trouver des réponses à chaque fois personnalisées et profondes, nous voulons comprendre ce qui se joue dans chaque situation, de façon immédiate mais aussi de façon cachée et souterraine. C'est sur ces deux plans que le tarot de Marseille, avec son univers symbolique, nous apporte ses lumières.

Parce que le tarot est un univers d'images, qui s'expriment dans la langue des symboles, il peut créer une passerelle vers notre inconscient, ce grand réservoir de savoirs sur nous-mêmes.
Le tarot nous aide également à nous poser les bonnes questions. Avec lui, pas d'interrogations stériles, impossible de tourner en rond : nous pouvons démêler ce qui ressort d'une mentalisation excessive de ce qui est une véritable quête de compréhension ouvrant sur une transformation.
Ainsi, le tarot est un outil pour nous révéler la signification profonde de nos questionnements et peut nous éclairer sur les voies de résolution les mieux adaptées pour nous.
Le tarot peut répondre à toutes nos questions, quel que soit leur domaine. Son éclairage nous laisse toutefois libres de nos choix. Nous pouvons l'écouter, ou nous pouvons préférer agir autrement. Le tarot nous guide tout en respectant notre liberté.

En 22 arcanes majeurs du tarot de Marseille, dans un premier temps, ce livre offre un panorama des défis de vie que nous avons à relever. À chacun d'entre eux, il s'agit d'apporter à la fois une compréhension de sa face consciente et inconsciente, ainsi qu'une issue pour nous permettre d'évoluer. Une sorte de carte de géographie psychique illustrée, qui va vous guider afin de traverser l'épreuve et d'aller vers une réalisation optimale.
Les 56 arcanes mineurs permettront de compléter le sens essentiel donné par les arcanes majeurs. Ils ajoutent une dimension concrète aux indications des arcanes majeurs, en situant leur champ de réalisation dans un domaine déterminé. Chaque famille des mineurs correspond en effet à un univers précis (la sensation, la pensée, l'intuition, le sentiment).

TROUVER L'ACCORD INTÉRIEUR-EXTÉRIEUR AVEC L'AIDE DU TAROT

Les 22 arcanes majeurs du tarot de Marseille ont été bâtis de façon à exprimer l'ensemble des aspects de l'existence, telle une grande roue de la vie. C'est une connaissance qui nous vient des traditions spirituelles les plus lointaines : les 22 arcanes majeurs du tarot ont un lien de filiation direct avec la Kabbale et son arbre de vie, ou arbre des Séphiroths. À l'image de cet arbre de vie, ils possèdent une face claire (correspondant au pôle conscient d'une personne) et une face obscure (le pôle inconscient). Ces deux pôles coexistent en chacun de nous à tout moment. Ils ne sont cependant pas toujours en accord. Il est essentiel, pour vivre de façon harmonieuse, de rechercher un équilibre entre eux. Le tarot est là pour nous aider à révéler le pôle inconscient et pour mieux comprendre le pôle conscient. On peut utiliser le tarot pour trouver comment créer un chemin d'entente entre ces deux univers.
Créer un accord, ou pour le moins une relation, entre notre conscient et notre inconscient aboutit à une harmonie réelle et concrète dans notre existence. Car il y a un effet miroir : se sentir mieux dans notre vie intérieure se reflète sur notre vie extérieure avec les autres. Cet effet miroir se met en place sans que l'on ait besoin d'agir. C'est un des miracles de l'entente entre le conscient et l'inconscient.

Le tarot est un outil privilégié pour nous aider à avancer dans cette quête d'harmonie conscient-inconscient, pour permettre à chacun de mieux se comprendre et de mettre en œuvre une transformation et une évolution personnelles. C'est cette recherche que nous allons illustrer dans ce livre, au travers de ce parcours des 22 arcanes majeurs.

COMPRENDRE ET TRAVERSER LES ÉPREUVES DU DEDANS ET DU DEHORS

Les arcanes majeurs révèlent un horizon très complet de peurs, de complexes, de souffrances, que nous pouvons subir. Parallèlement, ils proposent des voies d'évolution et de résolution.

Ils éclairent ainsi les situations que nous traversons, qu'elles soient professionnelles, familiales ou affectives. Le tarot s'exprime sur les trois plans de notre existence. Ils parlent du plan physique, concret et matériel : le corps, la santé, les biens, l'argent. Puis ils évoquent le plan psychique : les sentiments, les émotions, la sensibilité, les relations. Et enfin ils abordent le plan de l'esprit : les idées, les projets, la conception de la vie, la spiritualité. Parcourir les arcanes majeurs élabore un véritable inventaire des épreuves intérieures et de la vie quotidienne. Cela met en lumière le sens profond de ce qui nous traverse et les mécanismes psychologiques qui nous amènent à répéter telles erreurs, tels mauvais choix et telles souffrances. Puis, toujours guidés par le tarot, nous abordons les voies de la résolution de ces problématiques de vie.

Cette méthode et son contenu redonnent au tarot ses lettres de noblesse. C'est un guide capable de dévoiler les ressorts cachés de vos attitudes et de vous apporter les solutions pour sortir de vos schémas bloquants. Le tarot se révèle une véritable médecine de l'âme humaine et un compagnon dans votre évolution personnelle.

LE TAROT ET LE CYCLE DE LA VIE : UN PARCOURS D'ÉVOLUTION

Il y a plusieurs façons d'utiliser ce livre. L'une d'elles consiste à identifier en conscience les maux qui vous affectent et à lire les pages correspondantes. Une autre est de faire confiance aux tirages des tarots, qui, grâce à la synchronicité, révéleront les maux les plus actuels que vous êtes prêt à dénouer.

✶ Cheminer en suivant l'ordre des cartes

Le cycle des 22 arcanes majeurs du tarot représente une vision complète de la psyché. Vous pouvez suivre le parcours complet des arcanes, dans l'ordre, en 22 jours, pour chaque chapitre. Chaque jour, vous abordez les questionnements posés par un arcane. Vous pouvez noter vos commentaires : l'écho que chaque arcane réveille en vous, les questions soulevées, les réponses données par les cartes selon les tirages proposés...

✶ Cheminer grâce aux tirages et à la synchronicité

Dans un deuxième temps, il est très intéressant de faire parler l'inconscient et ce que C. G. Jung appelle la synchronicité en faisant un tirage des tarots avec les 22 arcanes majeurs. Lorsque l'on questionne le tarot au travers de tirages, les cartes parlent à notre inconscient et résonnent avec notre vie. La carte tirée prend sens pour soi, c'est comme si elle contenait un message personnel. Cette synchronicité est un hasard qui a du sens et qui va nous parler très directement.

Un tirage vous délivre le message fait pour vous, pour ce moment précis. Il met en lumière la problématique à l'ordre du jour pour vous, celle que vous êtes en mesure d'aborder, de comprendre et de transformer. Il exprime ce que vous êtes prêt à comprendre et à faire évoluer dans votre façon de vivre et d'être, afin d'aller vers un mieux-vivre et un mieux-être.

Vous pouvez renouveler ce type de tirage tous les mois, de façon à dessiner un parcours d'évolution tout en vous laissant le temps d'intégrer les informations et les changements qu'elles induisent.

✶ Se transformer

Il vous sera d'abord proposé d'explorer vos domaines de vie afin d'accepter qui vous êtes et d'identifier consciemment les problématiques que vous rencontrez (chapitre 1, p. 38).
Puis vous pourrez faire face à vos défis de vie en éclairant vos mécanismes psychologiques négatifs à l'œuvre et en découvrant leur résolution (chapitre 2, p. 60).
Enfin, vous révélerez qui vous êtes vraiment, vos potentiels et vos talents en effectuant les tirages de mission de vie (chapitre 3, p. 164).
Et si vous avez besoin de précision, le dernier chapitre (p. 197) vous proposera une application concrète grâce aux arcanes mineurs.

✶ Un programme de réalisation personnelle et commune

Nos 3 chapitres constituent un programme pour aborder le fonctionnement psychique de la personne et lui donner des clés pour se réaliser positivement. C'est un chemin pour vivre mieux avec soi-même et avec les autres, comme une route pour développer un mieux-être qui trouvera sa répercussion d'une façon naturelle dans la société et le monde. Lorsque l'on s'occupe de son évolution, on participe en effet à soulager le monde de ses maux et on aide l'univers à aller lui aussi vers un mieux-être. Ce phénomène s'expérimente à l'échelle de chacun, lorsque l'on constate que, par la grâce d'un pas fait à l'intérieur de soi-même, la vie nous apporte de bonnes choses et nous éloigne des relations toxiques.

C'est en ce sens que le tarot prend toute sa dimension d'outil de bien-être et d'évolution, pour soi et pour le monde qui nous entoure.

COMMENT TIRER LES CARTES ?

DÉFINIR SON PETIT RITUEL POUR SE METTRE EN CONDITION

Il y a plusieurs façons de tirer les cartes du tarot. Tout d'abord, mettez en place le rituel qui vous convient. Certains aiment matérialiser leur espace de tirage par un petit tissu, d'autres allument un bâton d'encens pour se sentir mieux inspiré. D'autres encore n'ont besoin d'aucun rituel et prennent le jeu pour l'utiliser directement.

DÉFINIR SA QUESTION ET LE TYPE DE TIRAGE

Avant tout tirage, il est nécessaire de définir ce que l'on cherche (par exemple une voie de transformation), le champ de réflexion (par exemple le sens des valeurs, la famille, les apprentissages, les règles de vie – domaine du Pape) ou la question que l'on pose (par exemple « Comment est-ce que je montre et utilise mes capacités ? ») et la nature du tirage choisi, par exemple un tirage à une, deux ou trois cartes (cela vous sera indiqué au fil de ce livre, p. 57, 66, 169).

EFFECTUER LE TIRAGE

Pensez à séparer les 22 arcanes majeurs des 56 arcanes mineurs, car leurs tirages se font séparément dans ce livre (voir p. 210).

Brassez les cartes et posez-les devant vous en éventail sur la table, face cachée. Tirez le nombre de cartes correspondant au type de tirage (par exemple, sortez 3 cartes du jeu si vous cherchez à effectuer un tirage à 3 cartes). Cela fait, retournez toutes les cartes afin de les découvrir et de les interpréter. Il faut savoir que l'ordre de tirage détermine l'emplacement de la carte et représentera une facette de la réponse.

Par exemple :

Carte 1
Comment bien agir ou bien se positionner pour vivre au mieux le domaine en question.

Carte 2
Ce qu'il n'est pas bon de faire ou la tentation à éviter dans ce domaine.

Carte 3
Le conseil pour éviter les pièges exprimés dans la carte 2.

Vous pouvez brasser à nouveau les cartes si vous avez une autre question.

RÉSUMÉ

DES SIGNIFICATIONS

DES 22 ARCANES MAJEURS

I • LE BATELEUR

La naissance. Le début de tout. Le projet. Les capacités. L'ouverture. Les possibilités.
L'enfant. La jeunesse. Le frère ou la sœur. Le jeune homme, la jeune femme.
J'existe. Je veux. Je m'affirme. Je positive. Je fais des projets. J'expérimente.
Je suis heureux. Je suis joyeux. Je crois en moi. J'ai confiance en l'avenir. J'ose entreprendre.
J'ai un esprit novateur. Je teste des choses nouvelles. Je suis prêt à aller vers le nouveau.
J'ai l'art du verbe. Je sais me mettre en valeur. Je sais bien présenter mes projets, mes idées.
Je me dégage du passé. Je m'affirme personnellement. J'accepte une nouvelle façon d'être et de penser.

Pôle obscur *Je manque de confiance en moi. J'ai peur de m'affirmer. Je crains d'entreprendre. La nouveauté m'effraie. Je manque d'expérience. J'hésite. Je suis bloqué. Je n'ose pas. Inconséquence. Juvénilité. Faux pas. Manque de réalisme. Mauvaise perception du réel.*
Cliché source de blocage. Précipitation ou blocage. Dispersion. Manque de préparation dans un projet.

II • LA PAPESSE

La préparation. La gestation. La grossesse. L'apprentissage. La formation. Le soutien.
La mère. La femme. La nature. La force des choses. Les réserves. La conservation. La force vitale. Le potentiel. La capacité. La bonne voie. Le choix judicieux. L'idée juste et féconde.
Je suis capable. J'ai les connaissances. Je me prépare bien. Je suis présente. Je prends ma place. Je sais ce qu'il faut faire. Je choisis la bonne voie. Je soutiens mon entourage.
J'ai la force d'entreprendre. Je suis déterminé. J'ai des convictions. J'ai confiance dans le présent et l'avenir.
J'inspire la confiance et le respect. J'attire les bonnes personnes. Je m'installe.
Je suis capable de bien prendre ma place. Je fais bien les choses. La bonne cuisine.

Pôle obscur *Je me bloque et j'attends. Je me renferme sur moi-même. Je n'ose pas prendre ma place.*
Je prends trop de place. Je ne laisse pas l'autre exister. Je suis étouffant.
Je ne peux pas agir. Je fais du surplace. Je suis retenu par le passé.
Attentisme. Conformisme. Retrait. Timidité. Boulimie. Surpoids. Mauvaise préparation d'un sujet.
Matérialisme excessif ou idéalisme pesant. Présence trop prenante de la mère, de la grand-mère. Mauvaises habitudes.

III • L'IMPÉRATRICE

La parole. La communication. L'art de penser. La créativité. L'expression personnelle. Le contact.
La femme. La vie active. Les médias. La vie sociale. Les relations. L'action créative. Le développement.
Je m'exprime. Je communique. J'entre en relation avec autrui. Je prends ma place sociale.
Je crée. Je dialogue. J'ai des idées nouvelles et je les mets en œuvre. Je développe un projet.
J'échange. Je reçois et je donne. J'écris.
Je m'affirme. Je suis reconnu dans mes capacités. J'ai une réflexion personnelle.
Je développe le positif de ma filiation et de mon expérience. Je prends des responsabilités.

Pôle obscur *Je parle trop. Je m'exprime trop brutalement. Je ne laisse pas l'autre s'exprimer. Je refuse le dialogue. Je pense avoir raison tout le temps.*
Je suis trop agressif. Je mentalise trop les situations. Ma créativité manque de réalisme.
Parole blessante. Dialogue de sourds. Idées reçues. Manque de créativité. Expression conformiste.

IIII • L'EMPEREUR

L'action. L'organisation concrète. Le sens du matériel. L'autorité. Le pouvoir. La construction.
L'homme. Le père. Le patron. Le dirigeant. La personne responsable. L'entreprise. Le bâtiment. Les biens matériels.
J'agis. Je réalise. Je dirige. Je suis responsable d'une entreprise, d'une action, d'autres personnes. J'organise. Je rationalise.
J'ai une place de pouvoir. Je suis reconnu comme celui qui a l'autorité. Je suis au cœur de l'action.
Je suis les traces de mon père. J'affirme mon potentiel de réalisation. Je suis responsable de ma famille.

Pôle obscur *Je suis trop autoritaire. Je suis trop matérialiste. Je m'enferme dans mes convictions. J'exerce un pouvoir sans nuances.*
Arrogance. Agressivité. Abus de pouvoir. Conception étroite et figée. Esprit conformiste.
Activisme. Manque de réflexion dans l'action. Construction périlleuse. Direction étriquée.
Mise en danger d'autrui. Image négative du père.

V • LE PAPE

Le conseil. La formation. La morale. La religion. L'apprentissage. Le sens des choses. Les limites. Les autorisations. Les interdits.
Le maître. Le père. La famille. Les enfants. L'école. L'éducation. Le formateur. Le conseiller. Le professionnel.
J'oriente. Je donne des conseils. Je reçois des conseils. Je tire les leçons des choses. J'élève mes enfants. J'étudie. Je me forme.
Je cherche à comprendre. Je développe mon sens critique. Je distingue le bien du mal. Je développe mes propres conceptions, ma philosophie.
Je suis responsable de ma famille. Je coache un groupe.
Je développe mon sens des responsabilités. Je suis reconnu pour mes qualités humaines.
J'apprends auprès d'un maître, d'un guide. Je pose les bonnes questions.

Pôle obscur *Je suis révolté. Je refuse l'autorité. Je n'écoute pas les conseils. Je n'écarte du droit chemin.*
J'écoute un mauvais guide. Je suis dépendant d'une autre personne.
Je dirige mal mes proches. Je suis sectaire. Je suis trop directif. Le conformisme. L'extrémisme.

VI • L'AMOUREUX

Le sentiment. La relation. Le contact. L'intimité. L'union. Les fiançailles. La jeunesse.
L'homme aimé. La femme aimée. Les amis. Les frères et sœurs. Les collègues. L'entourage.
Je montre mes sentiments. J'entre en contact avec autrui. Je suis solidaire. J'accepte l'aide des autres. Je crée des liens. J'utilise mes relations.
Je suis amoureux. Je suis aimé. J'apprécie une situation. Je fais un choix selon mon cœur.
J'accepte de choisir. Je fais un choix qui correspond aux vœux de mes proches.
Je suis sentimental. Je me montre tel que je suis. J'ose révéler mes sentiments.
J'affirme mes choix. Je trouve les mots pour les faire accepter à autrui.

Pôle obscur *Je ne parviens pas à choisir. Je suis hésitant. Je suis tiraillé entre deux voies. Je crains l'opinion des autres. Je n'ose pas dire ce que je ressens.*
L'hésitation. Le blocage. La faiblesse.
Le refus des contacts. La peur de l'intimité et de l'engagement.
Le mauvais choix. Les sentiments cachés et négatifs. Le faux amour.

VII • LE CHARIOT

La réussite. L'affirmation personnelle. L'indépendance. Le voyage. La personnalité.
L'adulte. L'homme. Le voyageur. Le dirigeant. Le travailleur indépendant. L'homme ou la femme d'affaires. Le banquier.
Je réalise mes projets. J'agis en toute indépendance. Je réussis ce que j'entreprends.
Je m'affirme. Je suis reconnu pour ma réussite. Je suis heureux. Je prends mon autonomie.
J'ai un esprit d'entreprise. Je sais mener ma barque. J'avance rapidement. J'agis vite et bien.
J'exprime clairement ma pensée. Je sais ce que je veux et ce que je ne veux pas.
Je me suis dégagé des conceptions dépassées. J'affirme ma façon d'être personnelle.

Pôle obscur *Je me dirige mal. Je vais trop vite. J'agis avec précipitation. Je ne maîtrise pas la situation.*
Activisme. Obstacles extérieurs. Nervosité. Manque de fermeté ou autoritarisme.
Je ne sais pas ce que je veux. Je fais une chose et son contraire. Ambivalence.
J'ai peur d'agir seul. L'indépendance me pose problème.

VIII • LA JUSTICE

L'équilibre. L'harmonie. L'art de peser le pour et le contre. Le sens de la décision. Le choix.
L'homme ou la femme de loi, juge, avocat, notaire. La loi, le contrat, la signature d'un accord.
Je choisis. Je suis rigoureux. Je recherche la position juste. J'harmonise une situation. Je rends les choses égales. Je pèse les termes d'un choix.
Je prends le temps de me déterminer. J'arrête une action en cours. Je suis méticuleux, méthodique. J'aime ce qui est juste et équilibré.
Je sépare le bon du mauvais. Je retrouve la sérénité. Je suis sérieux et appliqué. On peut compter sur moi.

Pôle obscur *Je suis rigide. Je juge trop sévèrement. Je suis trop perfectionniste.*
Je suis bloqué et je ne parviens pas à me décider. Je rencontre un obstacle.
Sévérité. Perfectionnisme. Tendance à vouloir l'absolu. Refus de négocier. Absence de conciliation. Position bloquée. Entêtement. Éducation trop stricte.

VIIII • L'HERMITE

L'analyse. Le recul. La retraite. L'étude. L'intelligence. L'humanité. Le bon sens.
L'homme ou la femme d'expérience. Les anciens. Le professeur. Le guide. Le chercheur. Le thérapeute. Le médecin.
Le temps. L'âge. La réflexion. La recherche. Le retard. L'étude.
Je réfléchis. Je prends le temps de comprendre. Je vais au-delà des apparences. Je sais ce qui se cache derrière une situation.
Je me mets en retrait. Je préfère une démarche solitaire. J'avance avec prudence. J'éclaire une situation. Je cherche à comprendre. Je soigne autrui.
Je fais preuve de patience. Je prends le temps de bien choisir. J'enseigne des éléments précis et profonds.

Pôle obscur *Le retard. La crainte d'avancer. La trop grande prudence. Couper les cheveux en quatre.*
Je vieillis mal. Je me mets à l'écart. Je répète les mêmes erreurs. Je suis peu communicatif. J'ai mauvais caractère.
Je me trompe de sens. Je cherche du mauvais côté. Je trouve le temps long. Je refuse le contact avec autrui. Les autres me font peur.
Je me sens seul. Je souffre d'isolement. Je ne vois pas clair. Je ne comprends pas bien.

X • LA ROUE DE FORTUNE

Les questions. L'identité. La bonne fortune. Les ressources. L'argent qui va et vient. La chance. La curiosité. L'intelligence.
L'argent. La personne essentielle. L'homme ou la femme providentiel. Le bon responsable.
Je m'interroge. Je réponds aux questions. Je définis ce que je veux. Je suis bien positionné.
Je sais ce qui me convient. J'attire la chance et les bonnes relations. J'ai fait des choix judicieux qui rapportent.
Les événements heureux. La fin des obstacles. La résolution d'une situation complexe.
La stabilité. L'affirmation personnelle. La sécurité. La confiance en soi. Les capacités mises en œuvre. Les dons utilisés.

Pôle obscur *Le mauvais questionnement. La mentalisation. Le complexe intellectuel. Le piétinement.*
Je tourne en rond. Je ne sais pas ce qui me plaît et ce que je veux. Je ne pose pas les bonnes questions.
Je suis trop curieux, indiscret, inquisiteur. Je manque de finesse. Je rencontre un obstacle.

XI • LA FORCE

L'énergie. La force vitale. La réussite. L'objectif. L'alliance. Le mariage. La réunion des contraires.

Je me rassemble. Je dépasse mes contradictions. Je définis mon orientation. J'attends mon objectif.

J'unis des forces opposées ou différentes. Je dépasse un obstacle. Je dirige une situation.

Je suis objective et logique. J'ai de l'énergie et je maîtrise ma vie. J'ai une santé de fer.

Une femme responsable et déterminée. Une dirigeante. Un mariage. Une union entre deux personnes ou deux positions différentes. Une équipe unie qui atteint son objectif. Un succès réalisé.

Pôle obscur *Un conflit. Un obstacle majeur. Une opposition interne ou externe. Une contradiction interne.*

Un complexe. Un désir refoulé. Un désir trop grand. Une passion dévorante. Une pensée faible et sans logique.

Je me sens partagé, fragile. Je fais preuve de faiblesse. Je ne parviens pas à me déterminer.

Je recule devant l'obstacle. J'ai peur. Je force les choses. Je veux obtenir à tout prix.

XII • LE PENDU

L'initiation. La spiritualité. Le lâcher-prise positif. L'acceptation. Le retour. La compassion. L'humanisme. L'autre façon de voir les choses. La leçon à tirer.
J'écoute. Je comprends le sens d'une situation. Je suis ouvert à ce qui advient.
Je transmets une leçon spirituelle. J'adopte une position philosophique. J'accepte le cours des choses.
Je retourne une situation à l'avantage de chacun. Je partage les fruits d'un succès.
La sagesse. La philosophie. Les sciences humaines. Le professeur. Le guide. Le sage.
La réussite différente. Le non-conformisme. La pensée originale. L'artiste.

Pôle obscur *La perte. La situation bloquée. L'arrêt. La prison. L'échec momentané. Le temps suspendu.*
Je suis en attente. Je perds de l'argent. J'essuie un échec. Je suis en retard.
Je suis retenu par quelqu'un ou quelque chose. Je ne suis pas libre de moi-même et de mes mouvements. Je suis dépendant de quelqu'un ou de quelque chose.
Je suis indifférent à une situation. Je ne prends pas mes responsabilités, je balance.

XIII • L'ARCANE SANS NOM

La transformation. La rupture positive. Le grand nettoyage. La fin d'un cycle. Le changement.
Je me transforme en profondeur. Je nettoie mes vieilles idées. Je balaie mes clichés. Je change mes habitudes. Je passe à autre chose. Je tire un trait sur le passé.
Je me structure et j'avance. Je me tourne vers l'avenir. Je suis complètement déterminé à changer. Je refuse les compromissions.
Le bout des obstacles. La fin de vie. La mort. Le repos éternel.
L'action révolutionnaire. L'énergie vitale et sexuelle. La force du changement. Le refus bienvenu. Dire non.

Pôle obscur *La révolte. L'adolescence difficile. Le refus d'avancer. Les mauvaises habitudes.*
Je ne sais pas tourner la page. Je n'arrive pas à me détacher du passé et des vieilles idées.
Je suis trop agressif. Je suis blessant. Je subis une agression, une blessure.
Je dois faire le deuil de quelqu'un ou de quelque chose.

XIIII • TEMPÉRANCE

Modération. Cycle renouvelé. Action continue. Énergie vitale. Flux de pensées et de sentiments.
Ange gardien. Personne bienveillante. Bon conseiller. Médiateur. Protecteur. Médecin.
Je crée des liens. Je rassemble des personnes ou des faits. Je tempère. J'échange des informations, des choses. J'égalise.
Je réunis ma pensée et mon action. Je modère mes pulsions. Je guéris. Je soigne.
La vie continue. La situation devient positive. Une relation devient forte et solide.
Une promotion. Les voyages. Les moyens de transport. Les médias. Les journalistes.

Pôle obscur *Personne timorée. Manque de décision. Relation molle. Tiédeur. Échanges flous.*
Je ne parviens pas à me décider. Je crée des relations sans réel contenu. Je suis partagé entre sentiment et raison.
Je ne me soigne pas bien. Je ne fais pas attention. Je risque un accident.
Des rumeurs contre moi. Des mauvais conseillers. Des pensées ou des sentiments négatifs.

XV • LE DIABLE

Les pulsions. L'énergie vitale. La sexualité. Le désir. L'acte sexuel. La libido. Le commerce.
L'amant, l'amante. Le commerçant. Le non-conformiste. Le décideur. Le thérapeute.
J'éclaire les choses cachées. Je révèle un secret. Je dénoue des liens obscurs. Je délivre.
Je tranche un conflit. Je sors d'une situation ou d'une relation négative. Je comprends ce qui était caché. Je révèle les non-dits.
J'exprime mon désir. Je me montre tel que je suis. Je tranche les liens qui m'entravent.
Je prends du plaisir. Je vis ma sexualité. Je m'élève au-dessus des conventions.

Pôle obscur *La jalousie. La colère. L'envie. Les pulsions négatives. La sexualité débridée.*
Je romps avec mon entourage. Je subis mes sentiments négatifs. Je suis l'objet de rejet.
La rupture. Les excès. Les manipulations. L'abus de pouvoir. Les abus sexuels.
La dépendance. L'influence néfaste. Les mauvaises fréquentations. Les idées négatives.

XVI • LA MAISON-DIEU

L'ouverture d'esprit. Le changement positif. La prise de conscience. La recherche de la vérité.
Le déménagement. L'esprit supérieur. L'intelligence. La transformation profonde.
Je suis réaliste. Je cherche la meilleure solution. J'étudie la matière. Je suis scientifique.
J'expérimente. Je suis dans une quête du vrai. Je ne crois pas aux idées reçues.
J'aime le changement. Je sors des chemins battus. J'apporte un souffle d'air frais.
La nouveauté. L'idée nouvelle. La solution d'un problème. L'expérimentation.
La quête de la pierre philosophale. Le philosophe. Le chercheur. Le scientifique.
Le coup de foudre amoureux. Eurêka. L'idée lumineuse et novatrice.

Pôle obscur *La chute. L'accident. La rupture négative. Le mauvais choix. La mauvaise décision.*
L'erreur. Le chemin sans issue. L'explosion. La crise. Le cambriolage.
Je tombe dans l'hystérie. Je crois n'importe quoi. Je crée un scandale. Je perds le sens des réalités.
La crise de nerfs. La perte de conscience. Le coup sur la tête. La désillusion.

XVII • L'ÉTOILE

La douceur. La chance. La jeunesse. La vérité. La simplicité. Le don. La bonne santé.
La jeune fille. L'enfant. La bonne étoile. La nature. La beauté. L'artiste. Les arts plastiques.
Je donne. Je profite de la vie. Je me repose. Je prends des vacances. Je suis tranquille.
La paix. Le repos. La guérison. La joie simple. La foi. La confiance. L'action spirituelle.
Je crois en mon avenir. J'ai confiance en ma réussite. Je me montre tel que je suis.
Les dons de la nature. Je suis mon chemin sans me poser de questions. J'ai foi en la vie.

Pôle obscur *La paresse. La timidité excessive. La candeur déplacée. La naïveté. La victime.*
Je donne à perte sans discernement. Je ne me protège pas assez. Je m'expose à des rebuffades ou à des refus.
L'exhibitionnisme. La crédulité. La simplification excessive. La bêtise.
Le fatalisme. Le côté superficiel. L'attachement aux apparences. Les idées superstitieuses.

XVIII • LA LUNE

Les rêves. La sensibilité. L'univers féminin. La richesse intérieure. La spiritualité.
La féminité. Le poète. Le monde du cinéma. L'art de l'illusion. Les belles histoires.
La maison. L'immobilier. L'argent. La famille. Le groupe. L'action collective.
Le passé est un soutien. L'histoire. L'historien. La mémoire utile.
La popularité. La politique. L'argent. La vente. L'accueil collectif, familial.
J'imagine. Je crée. J'accueille. Je reçois de l'argent. Je suis reconnu, acclamé par les autres.
Je ressens la situation et je la comprends. Je suis heureux. Je devine les choses. J'installe ma maison. Je change une décoration intérieure.
Je change de point de vue.

Pôle obscur *Désillusion. Tristesse. Pleurs. Deuil. Tromperie. Perte d'argent. Confusion.*
Je suis dans le flou. Je ne parviens pas à y voir clair. Je m'égare. De petits obstacles me font peur.
Je suis le jeu de mes complexes. Les autres m'effraient. Je suis rejeté par le groupe.
Je me cache derrière les traditions. Le passé m'empêche d'être moi-même. J'oublie ce qui est essentiel.
Les mensonges. Les égarements de l'esprit. Les mauvais rêves. Les peurs réelles ou illusoires.
La perte de repères.

XVIIII • LE SOLEIL

La chaleur. Les sentiments amicaux et amoureux. Le couple. Le bonheur. La réussite sociale.
Je partage. Je donne et je reçois. Je suis heureux en couple. Je réalise mon rêve.
Je suis bien à ma place sociale et familiale. Je suis reconnu par mes proches et par ma hiérarchie. J'assume mes responsabilités. J'ai de l'ambition.
Une situation bien installée et qui va durer dans le temps. La stabilité. La lumière se fait, la clarté d'une relation, d'une situation.
La logique, le côté rationnel et fiable. La confiance réciproque. Les accords acceptés, les règles assumées et bienveillantes. L'égalité pour chacun.
Le droit de vivre et de faire ce que l'on souhaite dans le cadre de ce qui est permis. L'échange.

Pôle obscur *L'autoritarisme. L'ambition trop grande. Le pouvoir trop pesant. Les responsabilités trop lourdes.*
Le couple mal assorti. Le désamour. Le rêve difficile à atteindre. Les obstacles extérieurs.
La vérité qui blesse. La prise de conscience douloureuse. La trop grande confiance en soi.
Je manque de limites. Je ne sais pas m'arrêter. Je ne parviens pas à partager de façon juste.
L'injustice. La désunion familiale. La trop grande fixité des sentiments ou des idées.

XX • LE JUGEMENT

Le renouveau. L'éveil à de nouvelles idées. La prise de conscience. La guérison. L'appel.
Le juge, le jury, l'annonce, le téléphone, la naissance de l'enfant, la révélation.
Je découvre une chose, une idée nouvelle, je me transforme, je m'élève, je reçois un message heureux. J'ai une promotion. Je grandis et je vois les choses autrement.
Je pardonne. Je change de plan de conscience. Je renais après des difficultés.
La prière. Le vœu. La parole spirituelle. L'intuition forte et rapide. La transformation rapide.
L'intelligence. Eurêka. La fin d'un complexe. L'arrivée d'une bonne nouvelle. Le fait d'être élu.

Pôle obscur *La culpabilité. Le retard dans un changement attendu ou nécessaire. La rumeur.*
Je porte des jugements négatifs ou mal appropriés. Je suis l'objet de jugements négatifs.
Je ne parviens pas à pardonner à quelqu'un. Je reste accroché à un complexe. Je prends du retard sur mon objectif.
Le fatalisme. La superstition. L'attente d'une révélation. La mauvaise idée.
J'écoute les mauvaises personnes. Je choisis mal mon entourage.

XXI • LE MONDE

La société. La place sociale. La réalisation. L'aboutissement. La belle fin d'une histoire.
Je trouve ma place dans le monde. Je suis heureux. Je gère un groupe. Je crée un centre. Je suis entouré de gens valables. J'ai réussi ce que je voulais. Je reçois les lauriers grâce à mes efforts. Une récompense. Un diplôme.
Une action collective réussie. Une prise de conscience globale et synthétique. Une vision synthétique d'une situation.
Je suis en accord avec moi-même et avec les autres. Je reçois les fruits de mon action.
La moisson. Le temps suspendu. Le film réalisé. La reconnaissance publique. Le poste politique ou social en vue.
J'exerce ma profession, mes dons, avec talents. Je suis à la maturité de ma vie.

Pôle obscur *Un obstacle majeur. Une réalisation retardée. Je ne suis pas à ma place dans le monde. Je suis trop réservé ou trop en vue.*
Je ne retire pas les fruits de mes efforts. Je ne suis pas reconnu à ma juste place.
Je suis égocentriste. Je me disperse. Je ne parviens pas à harmoniser mes énergies.
Je me mets en retrait par rapport à la société.
Je cache ma réalité profonde aux autres. Je ne me vois pas tel que je suis.

LE MAT

Le chemin. Le destin. L'avenir en mouvement. Le voyage. La vie suit son cours.
L'homme, la femme. Le voyageur. Le chercheur. L'aventurier. Le poète. Le non-conformiste.
La quête. La recherche de la vérité. Le pionnier, le défricheur. L'avancée vers l'inconnu.
Le courage. L'humanité véritable. La découverte d'un univers nouveau. Le progrès.
J'avance vers l'inconnu. Je suis en route vers mon destin. Je prends un chemin nouveau, un vrai tournant dans ma vie. Un nouveau cycle commence.
Je pars vers des aventures prometteuses. Je vais rencontrer quelqu'un de nouveau.
Je chemine riche de mon expérience. J'avance avec mon intuition et les connaissances acquises.

Pôle obscur *L'errance. La perte des repères. Le chemin sans issue. La mauvaise route.*
Je ne sais pas où je vais. Je suis perdu. Je ne parviens pas à comprendre ce qui se passe.
Je me trompe totalement. J'ai des idées folles en tête. Je m'égare. Je n'écoute rien.
Le fou. Le vagabond. Le refus de la société. L'illuminé. Le refus des limites.
La mauvaise passe. Le temps incertain. Le refus de vieillir. Le faux-pas. L'erreur.

Les tirages des arcanes majeurs et mineurs sont présentés séparément au fil des chapitres car, dans un premier temps et pour l'essentiel des questions et des pistes de réponses à leur apporter, ce sont les arcanes majeurs qu'il s'agit de décrypter et d'utiliser. Les arcanes mineurs et leur utilisation seront décrits dans le chapitre 4, p. 197.

CHAPITRE 1

APPRENDRE À MIEUX SE CONNAÎTRE GRÂCE AU PARCOURS DES 22 ARCANES MAJEURS

Savoir se poser les bonnes questions est le premier pas pour y répondre. Le parcours ici proposé vous aide à avancer vers une meilleure connaissance de vous, afin de mieux comprendre ce qui se joue en ce moment. Cela va vous donner la matière pour avancer vers un accord plus vrai et plus harmonieux avec vous-même et avec le monde qui vous entoure. C'est aussi un chemin pour prendre votre place dans ce monde et y apporter votre contribution.

UN PARCOURS DE DÉVELOPPEMENT PERSONNEL CONSCIENT POUR S'ACCEPTER

En suivant, pas à pas, le parcours de questionnements des 22 arcanes majeurs, vous allez avancer dans la découverte de vous-même. Vous révélerez les questions pour apprendre à mieux vous connaître et faire les choix les plus adaptés à vous-même et aux circonstances de votre vie. L'objectif est de devenir qui vous êtes profondément, et c'est d'abord une acceptation de vous-même.

De l'arcane I, le Bateleur, à l'arcane le Mat : au fil de ce parcours de questions, vous allez vous rendre compte qu'une certaine logique et une certaine image se dégagent de vous. Cette découverte va vous apprendre des choses nouvelles et plus profondes sur vous-même et votre relation au monde.

Ce parcours vous prépare aux étapes suivantes de découverte et de résolution de vos freins, puis à l'ouverture sur vos missions de vie.

COMMENT PROCÉDER ?

La première fois, suivez ce parcours dans l'ordre : il représente un cycle complet d'évolution. Chaque arcane vous propose un champ multiple de questions, toutes dans l'univers symbolique de la carte. Choisissez celles qui vous parlent le plus aujourd'hui et notez-les afin de chercher à y répondre de façon consciente. Vous pouvez noter vos réponses, et vous pourrez ensuite compléter par les réponses du tarot (voir p. 57). Ce parcours conscient peut se faire une fois par an.

Par la suite vous aurez tout le loisir de l'aborder à votre guise, ou de tirer ponctuellement une carte pour découvrir le questionnement du jour, à affiner également grâce au tirage à 3 cartes (p. 57). Ce tirage peut être utilisé aussi souvent que vous le souhaitez.

LE CHEMIN D'EXPLORATION DE VIE AU LONG DES 22 ARCANES MAJEURS

LES QUESTIONS QUE POSE LE BATELEUR

Le Bateleur aborde l'art de vivre joyeusement et avec légèreté, le droit à l'existence (et le fait d'accepter cette existence), l'individualité et ses capacités personnelles, le fait de se montrer aux autres.

→ *Cochez et notez celles qui vous interpellent le plus aujourd'hui :*

- ☐ Comment est-ce que je montre et utilise mes capacités ?
- ☐ Suis-je assez occupé par ma voie personnelle ou ai-je tendance à m'oublier ?
- ☐ Comment puis-je parvenir à ne pas me disperser et à persévérer dans mes choix ?
- ☐ Suis-je impatient et velléitaire ? Comment puis-je y remédier ?

☐ Comment puis-je oser débuter une chose nouvelle ?

☐ Comment puis-je retrouver ma joie de vivre et mon enfant intérieur créatif ?

☐ Pourquoi est-ce que je n'ose pas m'affirmer ?

☐ Pourquoi est-ce que je reste à un niveau inférieur ou que les autres ne me considèrent pas ?

....

LES QUESTIONS QUE POSE LA PAPESSE

La Papesse représente la conscience de soi-même, la sécurité, l'art de savoir répondre à ses besoins premiers, la sagesse d'un savoir inné, celle de préparer avec patience ce qui doit l'être.

→ *Cochez et notez celles qui vous interpellent le plus aujourd'hui :*

☐ Comment et où vais-je m'installer ?

☐ Aurai-je assez de biens et d'argent pour vivre tranquillement ?

☐ Comment puis-je me protéger de l'extérieur ?

☐ Pourquoi est-ce que je reste trop tourné vers moi-même ?

☐ Comment faire pour ne pas garder en moi ce que je ressens ?

☐ Est-ce que je me sens tranquille avec moi-même ?

☐ Comment puis-je bien m'occuper de moi ?

☐ Comment est-ce que je diffuse mon savoir ?

....

LES QUESTIONS QUE POSE L'IMPÉRATRICE

L'Impératrice évoque l'art de s'exprimer, de communiquer, d'avoir conscience de son territoire et de le faire respecter, de parvenir à trouver les bons mots pour se faire comprendre et être écouté par les autres.

→ *Cochez et notez celles qui vous interpellent le plus aujourd'hui :*

☐ Est-ce que je parviens à m'exprimer clairement ?

☐ Comment puis-je développer ma créativité ?

☐ Suis-je assez confiant en moi et comment est-ce que je peux gagner en assurance ?

☐ Pourquoi ne suis-je pas écouté et entendu dans ce que je dis ?

☐ Comment puis-je prendre une place sociale et active plus importante ?

☐ Quelle forme doit prendre ce que j'ai à exprimer ?

☐ Comment puis-je mieux communiquer avec les autres ?

☐ Comment puis-je concilier ma vie active et ma vie personnelle ?

....

LES QUESTIONS QUE POSE L'EMPEREUR

L'Empereur évoque l'art de bâtir et d'entreprendre, de trouver les actions adaptées et de prendre ses responsabilités de façon juste, de savoir diriger et d'être respecté dans ses choix et ses façons d'être.

→ *Cochez et notez celles qui vous interpellent le plus aujourd'hui :*

☐ Est-ce que je suis assez actif ? Et comment y parvenir ?

☐ Comment puis-je mieux gérer et m'organiser ?

☐ Est-ce que je prends assez ou trop de responsabilités ?

☐ Suis-je assez logique et rationnel ?

☐ Ai-je un cadre de vie trop rigide?

☐ Comment dois-je agir concrètement pour développer mon entreprise?

☐ Que dois-je faire pour bien prendre ma place dans ma vie personnelle et sociale?

☐ Comment puis-je user de mon pouvoir sans en abuser?

....

LES QUESTIONS QUE POSE LE PAPE

Le Pape évoque les règles de vie et de conduite que l'on se donne, les valeurs auxquelles on est attaché, la transmission et l'apprentissage, le respect de la vie en commun (avec ses libertés et ses limites).

→ *Cochez et notez celles qui vous interpellent le plus aujourd'hui :*

☐ Suis-je en accord avec mes conceptions de vie?

☐ Suis-je en conflit ou en désaccord avec mes supérieurs ou mes parents?

☐ Ai-je la vie de famille que je souhaite?

☐ Que dois-je faire pour bien transmettre mes connaissances et mon expérience?

☐ Ai-je besoin d'apprendre et d'être conseillé?

☐ Ai-je besoin de soutien et de reconnaissance?

☐ Ai-je des difficultés à mettre des limites à moi-même et aux autres?

☐ Comment puis-je être un bon parent et un bon conseiller?

....

LES QUESTIONS QUE POSE L'AMOUREUX

L'Amoureux évoque l'art d'exprimer ses sentiments, le partage et l'échange, les choix du cœur, la capacité d'apporter et de recevoir de l'amour, l'art de bien s'entourer.

→ *Cochez et notez celles qui vous interpellent le plus aujourd'hui :*

☐ Comment faire les choix du cœur ?

☐ Suis-je assez aimable et aimé ?

☐ Comment est-ce que j'exprime mes sentiments ?

☐ Comment puis-je sortir d'une hésitation entre deux voies ?

☐ Suis-je assez ouvert à ma sensibilité ?

☐ Comment puis-je montrer de l'empathie sans être envahi ?

☐ Comment puis-je être proche de l'autre en restant moi-même ?

☐ Comment puis-je reconnaître l'âme sœur ?

....

LES QUESTIONS QUE POSE LE CHARIOT

Le Chariot évoque la confiance en soi, la capacité d'avancer de façon dynamique et autonome, l'art de mettre en accord ses actes et ses pensées, le choix d'un chemin, la foi dans ses capacités de réussite.

→ *Cochez et notez celles qui vous interpellent le plus aujourd'hui :*

☐ Comment puis-je gagner en confiance en moi ?

☐ Quel chemin dois-je prendre pour réussir ?

☐ Comment puis-je avancer en accord avec mes instincts et mes capacités ?

☐ Suis-je trop pressé et comment trouver le bon rythme ?

- ☐ Comment puis-je agir de façon autonome et indépendante ?
- ☐ Suis-je trop indépendant, à toujours vouloir avancer seul ?
- ☐ Comment parvenir à ne pas être toujours la locomotive des autres ?
- ☐ Comment faire pour avancer sur un chemin personnel et indépendant ?

....

LES QUESTIONS QUE POSE LA JUSTICE

La Justice évoque la capacité de décider de ce qui est bon et juste pour soi, mais aussi en relation avec les autres, l'art de trouver un équilibre et une harmonie dans sa vie, savoir mettre une limite positive.

→ *Cochez et notez celles qui vous interpellent le plus aujourd'hui :*

- ☐ Comment puis-je parvenir à prendre la bonne décision ?
- ☐ Suis-je trop perfectionniste et comment en sortir ?
- ☐ Est-ce le bon moment pour trancher ?
- ☐ Comment faire pour m'appuyer sur mon droit afin de m'imposer ?
- ☐ Faut-il prendre du recul dans une certaine situation pour réfléchir ?
- ☐ Ai-je besoin de soutien ou de conseils juridiques ?
- ☐ Comment puis-je remettre de l'ordre dans ma vie actuelle ?
- ☐ Est-ce le moment d'officialiser une situation ?

....

LES QUESTIONS QUE POSE L'HERMITE

L'Hermite évoque l'art de comprendre profondément ce que l'on vit, d'apporter des paroles de réconfort, le sens positif du temps et de la maturité, l'art de bien vieillir, l'intelligence des leçons du passé et la résilience.

→ *Cochez et notez celles qui vous interpellent le plus aujourd'hui :*

☐ Que dois-je faire pour comprendre ce que je vis actuellement ?

☐ Quelles réflexions vont-elles m'éclairer sur ma situation ?

☐ Ai-je besoin de reprendre des études ?

☐ Comment puis-je développer mes capacités à aider les autres, à les comprendre et à les coacher ?

☐ Est-ce un bon choix que de rester seul dans une situation donnée ?

☐ Comment puis-je oser développer un cheminement individuel et personnel ?

☐ Est-ce que je souffre d'isolement ou de solitude et comment puis-je y remédier ?

☐ Ai-je des soucis de santé ou peur de vieillir ?

LES QUESTIONS QUE POSE LA ROUE DE FORTUNE

La Roue de Fortune évoque l'art de bien se questionner sur ce que l'on vit, d'attraper les opportunités et de rester fidèle à soi-même, de savoir s'adapter aux circonstances, de rester centré sur l'essentiel et ne pas se perdre de vue.

→ *Cochez et notez celles qui vous interpellent le plus aujourd'hui :*

☐ Comment puis-je me poser les bonnes questions ?

☐ Suis-je trop mental avec des obsessions et comment en sortir ?

☐ Comment puis-je prendre en main ma destinée ?

☐ Suis-je capable de m'adapter aux circonstances ?

☐ Que puis-je faire pour ne pas être trop fataliste et laisser passer des opportunités ?

☐ Comment puis-je rester centré sur mon identité et ne pas me laisser dérouter ?

☐ Suis-je trop centré sur moi-même ?

☐ Comment puis-je accepter et rebondir après une épreuve ?

....

LES QUESTIONS QUE POSE LA FORCE

La Force évoque l'art de la maîtrise de l'énergie pour aller au bout de ses projets, savoir dépasser les obstacles, rester concentré sur ses objectifs sans se disperser, atteindre son but, faire preuve de courage et de force de caractère.

→ *Cochez et notez celles qui vous interpellent le plus aujourd'hui :*

☐ Comment puis-je trouver un accord entre ma volonté et mes capacités ?

☐ Est-ce que je me fixe des objectifs à ma mesure ?

☐ Comment puis-je devenir plus réaliste et persévérant ?

☐ Suis-je trop dur avec moi-même ?

☐ Que dois-je faire pour ne pas chercher ou fuir les conflits ?

☐ Comment puis-je sortir des contradictions internes qui bloquent ?

☐ Comment puis-je trouver l'harmonie avec l'autre de façon durable ?

☐ Comment puis-je imposer ma puissance avec douceur ?

....

LES QUESTIONS QUE POSE LE PENDU

Le Pendu évoque l'art du lâcher-prise, savoir attendre le bon moment pour agir, discerner l'esprit d'une situation et son évolution possible, le sens de la valeur de la vie plutôt que l'action à tout prix, la philosophie de l'existence.

→ *Cochez et notez celles qui vous interpellent le plus aujourd'hui :*

- ☐ Comment puis-je trouver le bon moment pour agir ?
- ☐ Comment puis-je écouter mon intuition ?
- ☐ Suis-je trop marginal et coupé des autres ?
- ☐ Comment puis-je conforter mes choix de vie originaux ?
- ☐ Le moment est-il propice à patienter ou bien à agir ?
- ☐ Suis-je trop fataliste et en attente ?
- ☐ Comment puis-je transmettre mes conceptions philosophiques de la vie ?
- ☐ Comment puis-je mettre un cadre à mon intuition pour lui permettre d'être opérante ?

LES QUESTIONS QUE POSE L'ARCANE SANS NOM

L'Arcane sans nom évoque l'art de la transformation, l'énergie active, le nettoyage en profondeur, l'action vivifiante, l'ouverture sur l'avenir, le sens de l'essentiel, la recherche d'une solution, l'art de tourner la page.

→ *Cochez et notez celles qui vous interpellent le plus aujourd'hui :*

- ☐ Comment puis-je transformer une situation ?
- ☐ Comment puis-je en finir avec une relation ou une situation ?
- ☐ Est-il est bon de refuser une proposition donnée ?

- ☐ Comment puis-je dire non de façon ferme ?
- ☐ Comment puis-je sortir d'une révolte stérile ?
- ☐ Est-on dans un processus d'autodestruction et comment puis-je en sortir ?
- ☐ Comment puis-je me débarrasser des vieilles habitudes ?
- ☐ Comment puis-je vivre et traverser une épreuve de deuil ?

....

LES QUESTIONS QUE POSE TEMPÉRANCE

Tempérance évoque l'art de la relation, la sociabilité, le sens de l'accord, la capacité à mettre chacun à l'aise, le contact social et la transmission des informations, la modération et la douceur, l'agrément dans la vie.

→ *Cochez et notez celles qui vous interpellent le plus aujourd'hui :*

- ☐ Comment puis-je développer mes relations sociales ?
- ☐ Faut-il être toujours en bons termes avec certains ?
- ☐ Comment puis-je ne pas me laisser entraîner par d'autres ?
- ☐ Comment puis-je devenir plus diplomate et conciliant ?
- ☐ Un compromis qui convient à l'un et à l'autre est-il possible ?
- ☐ Faut-il toujours soutenir l'autre ?
- ☐ Quels moyens de communication sont-ils à privilégier ?
- ☐ Quelles bonnes habitudes puis-je adopter ?

....

LES QUESTIONS QUE POSE LE DIABLE

Le Diable évoque la connaissance et la réalisation de ses désirs profonds, l'accord avec son corps et ses ressentis, le sens de la transaction, l'art des finances et du commerce, la bonne façon de diriger et d'éclairer les autres.

→ *Cochez et notez celles qui vous interpellent le plus aujourd'hui :*

- ☐ Comment vivre au mieux mes désirs ?
- ☐ Faut-il écouter mes impulsions ?
- ☐ Est-il bon de couper avec certaines personnes et certaines situations ?
- ☐ Comment puis-je sortir de la manipulation ?
- ☐ Comment puis-je échapper aux angoisses ?
- ☐ Comment puis-je transformer des mauvaises habitudes ?
- ☐ Comment puis-je mieux vivre ma vie sexuelle ?
- ☐ Comment puis-je éclairer en moi et chez les autres le domaine souterrain ?

....

LES QUESTIONS QUE POSE LA MAISON-DIEU

La Maison-Dieu évoque l'art de l'ouverture d'esprit, la recherche de nouvelles expériences de vie, le sens de la fête, le plaisir de vivre, la capacité à être pragmatique et concret, l'acceptation des idées et univers différents du sien.

→ *Cochez et notez celles qui vous interpellent le plus aujourd'hui :*

- ☐ Comment puis-je sortir de mes habitudes pour découvrir une réalité nouvelle ?
- ☐ Comment puis-je me lancer dans des expériences nouvelles ?

☐ Peut-on s'exprimer plus directement au risque de créer une crise ?
☐ Cherche-t-on vraiment à découvrir des choses dans une situation donnée ?
☐ Comment puis-je vivre de façon plus ouverte et plus animée ?
☐ Faut-il tout mettre à plat, quitte à sortir de ses gonds ?
☐ Comment traverser une épreuve d'accident ou de rupture ?
☐ Comment puis-je avoir un esprit plus pratique et vivre plus près des réalités ?

....

LES QUESTIONS QUE POSE L'ÉTOILE

L'Étoile évoque la confiance dans la vie et dans l'avenir, l'art de se montrer tel que l'on est, le rapport à la nature, la simplicité, la sensibilité à la beauté de la vie, le sens artistique, l'intuition, la douceur et l'aide à autrui.

→ *Cochez et notez celles qui vous interpellent le plus aujourd'hui :*

☐ Comment puis-je vivre plus proche de ma vraie nature ?
☐ Dois-je me montrer tel que je suis ?
☐ Comment puis parvenir à ne plus être victime ?
☐ Comment puis-je développer ma foi dans l'avenir ?
☐ Puis-je vivre de mes dons ?
☐ Dois-je m'accorder un temps de repos et d'apaisement ?
☐ Comment puis-je développer mon intuition et la suivre ?
☐ Comment puis-je travailler pour mon bien-être et celui des autres ?

....

LES QUESTIONS QUE POSE LA LUNE

La Lune évoque le monde de l'imaginaire, le rêve et la capacité d'inventer, le sens de l'accueil et de l'écoute, la sensibilité et l'intuition, la réflexion profonde, l'art de relier les gens entre eux, le sens de la circulation de l'argent.

→ *Cochez et notez celles qui vous interpellent le plus aujourd'hui :*

☐ Comment puis-je mieux écouter et comprendre mon univers intérieur ?

☐ Comment puis-je développer ma capacité d'accueil et ma sensibilité ?

☐ Comment ne pas me laisser prendre par les rumeurs ?

☐ Comment ne pas me perdre dans mon imagination ?

☐ Comment puis-je sortir de mes peurs ?

☐ Comment mieux travailler avec l'argent ?

☐ Faut-il accepter les changements ?

☐ Comment mieux réfléchir sur une certaine situation ?

....

LES QUESTIONS QUE POSE LE SOLEIL

Le Soleil évoque l'art de prendre sa place dans la société, le sens de sa valeur, avoir une ambition juste, savoir s'aimer et s'entraider, diriger les autres avec humanité, être conscient des capacités et des limites de chacun.

→ *Cochez et notez celles qui vous interpellent le plus aujourd'hui :*

☐ Mon couple est-il solide et bien assorti ?

☐ Faut-il poursuivre une association ?

☐ Quelle idée claire peut-elle rassembler les personnes concernées ?

☐ Comment puis-je imposer mon pouvoir de façon humaine ?

☐ Quelle position dois-je occuper pour être bien à ma place ?

☐ Comment puis-je développer une entraide ?

☐ Comment puis-je stabiliser une situation ?

☐ Comment puis-je vivre de façon plus heureuse ?

....

LES QUESTIONS QUE POSE LE JUGEMENT

Le Jugement évoque l'art de se faire une opinion, de s'élever et d'être reconnu, de savoir pardonner à soi-même et aux autres, de trouver de nouvelles idées, de se renouveler, d'avoir une inspiration créatrice, de s'ouvrir à des domaines nouveaux.

→ *Cochez et notez celles qui vous interpellent le plus aujourd'hui :*

☐ Comment exprimer mon opinion personnelle ?

☐ Comment ne pas me sentir jugé par autrui ?

☐ Est-il possible de pardonner aux autres et à moi-même ?

☐ Dois-je avoir plus d'ambition personnelle ?

☐ Est-il possible de m'élever socialement ?

☐ Comment développer mon intuition et mieux m'en servir comme guide ?

☐ Comment aller vers un renouveau ?

☐ Comment gagner en popularité et reconnaissance sociale ?

....

LES QUESTIONS QUE POSE LE MONDE

Le Monde évoque l'art de se sentir en accord avec soi-même tout en étant ouvert sur la société, le sens du bonheur, l'accueil de la différence, la réalisation de ses projets, le sentiment de plénitude.

→ *Cochez et notez celles qui vous interpellent le plus aujourd'hui :*

☐ Comment puis-je trouver ma juste place dans le monde et la société ?

☐ Comment puis-je développer une harmonie intérieure-extérieure ?

☐ Faut-il mettre une distance entre moi et les autres ?

☐ Comment équilibrer ma vie sociale, sentimentale, spirituelle et concrète ?

☐ Comment m'ouvrir aux autres tout en restant moi-même ?

☐ Comment puis-je mener un projet jusqu'à son terme ?

☐ Comment puis-je trouver la joie et la paix de l'âme ?

☐ Comment développer ma conscience d'un monde meilleur ?

....

LES QUESTIONS QUE POSE LE MAT

Le Mat évoque l'art de parcourir son chemin de vie, de prendre le risque de vivre sa vie et son originalité et d'aller vers l'inconnu, la liberté d'être, l'affranchissement de ce qui contraint et enferme.

→ *Cochez et notez celles qui vous interpellent le plus aujourd'hui :*

☐ Quel chemin prendre sans me perdre ?

☐ Comment ne pas avoir peur d'aller de l'avant, d'aller vers l'inconnu ?

☐ Comment oser prendre des risques en gardant un sentiment de sécurité ?

- ☐ Comment ne pas me tromper de voie ou partir dans des voies sans issue ?
- ☐ Comment traverser mes erreurs et repartir à nouveau ?
- ☐ Ai-je une mission de vie, comment la révéler ?
- ☐ Quelle quête essentielle me pousse-t-elle à avancer ?
- ☐ Quelle part d'humanité puis-je partager avec les autres ?

....

TIRER LES CARTES POUR ÉCLAIRER VOTRE PARCOURS

Vous avez deux façons de procéder.

1. Mettez en lumière votre problématique du moment : brassez les 22 arcanes majeurs et tirez une carte. Elle constitue votre problématique actuelle. Reportez-vous au paragraphe de l'arcane ci-dessus et choisissez la question qui vous concerne le mieux. Puis faites le tirage sur 3 cartes proposé ci-dessous.

2. Parcourez tous les arcanes et choisissez pour chacun la question la plus opportune pour vous, puis faites le tirage sur 3 cartes ci-dessous.

✶ Le tirage des questions

Une fois choisie votre question pour l'arcane, vous pouvez faire un tirage des tarots sur 3 cartes pour donner des éléments de réponse.

Brassez bien les 22 arcanes, faces cachées, puis tirez 3 cartes.

La carte 1 représente le pôle positif vers lequel vous pouvez vous orienter pour avancer vers une résolution de cette question.

La carte 2 représente l'obstacle ou l'écueil dans lequel vous ne devez pas rester.

La carte 3 représente un conseil pour sortir de la voie sans issue de la carte 2 et progresser vers le contenu de la carte 1.

Ce tirage peut se faire sur chaque question choisie pour chacun des 22 arcanes majeurs.

APPROFONDIR LES PROBLÉMATIQUES

Reprenez les questionnements choisis pour chaque arcane ainsi que vos réponses et allez voir au chapitre 2 comment se définissent et se dévoilent les problématiques liées à chacun de ces arcanes. Vous y trouverez la matière pour approfondir votre compréhension des situations et des humeurs que vous traversez. Puis vous y découvrirez le cheminement possible pour surmonter vos difficultés et accéder au mieux-être.

Vous pourrez également refaire le parcours des questions dans quelques mois. Cela vous permettra de mesurer les différences et d'apprécier votre évolution.

CHAPITRE 2

DÉVERROUILLER LES OBSTACLES INTÉRIEURS GRÂCE AU TIRAGE DE L'OMBRE ET DE LA LUMIÈRE

La deuxième étape consiste à repérer au fil des arcanes majeurs vos obstacles intérieurs et les problèmes récurrents dans votre histoire.

TRAVERSER LES ÉTAPES DE LA VIE

Notre vie est jalonnée d'étapes. Au fil de notre existence, nous retrouvons des situations semblables bien qu'elles se présentent sous une forme différente et que nous les abordions nous-même différemment, du fait de notre maturité et d'une meilleure compréhension des choses. C'est pourquoi nous pouvons parler de cycles, au cours desquels se rejouent les mêmes questionnements. Le tarot, dans sa structure même, en propose un écho et, de ce fait, il peut éclairer ces situations et le sens de ces étapes cycliques.

Les arcanes majeurs du tarot représentent en effet une roue, la roue de la vie, celle que l'on parcourt plusieurs fois dans son existence, comme un cycle. Lorsque l'on reprend un nouveau cycle, on passe à un niveau supérieur de compréhension et à l'étape suivante dans les événements qui nous arrivent. Cela correspond aux âges de la vie.

Au cours du premier cycle, on construit sa personnalité. Le deuxième cycle permet de s'affirmer, de traverser des expériences qui nous offrent des opportunités d'évoluer. Le troisième cycle est consacré à la compréhension du sens de ce que nous avons vécu et aux choix conscients de ce que nous voulons encore vivre. Il y a un quatrième cycle qui ouvre sur une compréhension plus universelle et profonde.

Chacun va traverser ces différentes étapes de façon personnelle, pas toujours dans l'ordre, et pas forcément selon les âges de la vie. Toutefois, on peut les déterminer schématiquement de la façon suivante : premier cycle de la naissance à 30 ans, deuxième cycle de 30 ans à 60 ans, troisième cycle de 60 ans à 80 ans, quatrième cycle à partir de 80 ans.

LA PUISSANCE DU TAROT : UTILISER DES ARCHÉTYPES ISSUS DE L'INCONSCIENT COLLECTIF

Les symboles ont le pouvoir de nous ouvrir un chemin pour mieux comprendre ce qui se joue pour nous dans une situation donnée, et ils nous aident à comprendre pourquoi tels ressentis et événements se répètent ainsi dans notre vie. La puissance particulière des symboles du tarot vient du fait qu'ils représentent des archétypes, ces images portant en elles l'inconscient collectif. De grands réservoirs de l'humanité qui nous conduisent dans nos actes et nos réactions, de même qu'ils nous remplissent de certains sentiments et de certaines idées. Les archétypes sont, à la fois, les moteurs et les énergies qui nous traversent au fil de notre existence. Ainsi, par exemple, l'arcane la Papesse représente une image de Mère universelle, qui nourrit, protège, apporte réconfort et sécurité. Si nous faisons appel à cet archétype, nous pouvons trouver ce réconfort en nous-mêmes. Autre exemple : le Sphinx qui surplombe la Roue de Fortune est celui qui nous questionne sur notre réalité humaine, posant sans cesse la question « qui es-tu ? » pour que nous ne nous la perdions pas de vue malgré les hauts et les bas de l'existence. Chaque arcane majeur comprend des éléments archétypaux.

Connaître les archétypes est un moyen puissant pour prendre en main sa destinée et agir sur les événements de sa vie, car cela nous apporte à la fois la lumière sur nos manques et sur les moyens de nous ressourcer et de nous transformer.

PRENDRE EN MAIN SA DESTINÉE AVEC LE TAROT

✶ Parcourir les 22 arcanes dans l'ordre

Nous allons parcourir à nouveau les 22 arcanes majeurs du tarot, et cela en 22 étapes. Vous pouvez suivre ce cheminement en étudiant un

arcane par jour et en recherchant avec un tirage (voir le grand tirage des ombres ou le tirage simple de la problématique p. 66 et 68) en quoi cet arcane vous concerne. Il peut être central dans vos questionnements ou être marginal, ou encore vous évoquer la situation d'une autre personne. Dans ce cas, cela vous permet de mieux comprendre cette personne et d'adapter votre comportement selon le conseil de l'arcane complémentaire (l'arcane dont le chiffre, additionné au chiffre du premier arcane, donne 22, voir ci-dessous).
À chaque étape, le tarot vous parle de vous-même mais aussi de votre relation à l'autre (un compagnon, une compagne, un ami, une amie, un parent, un frère, une sœur, un associé, un ou une collègue... tout type de relation).

✶ Le cycle des 22 arcanes majeurs du tarot pour une vision complète de la psyché

Ce cycle est constitué de 11 couples d'arcanes dont l'addition du nombre inscrit sur la carte forme toujours le chiffre 22 de la totalité des arcanes. Ce sont des couples d'arcanes complémentaires. Ainsi le Bateleur, arcane n° 1, va avec Le Monde, arcane n° 21, total 22 ; la Papesse, arcane n° 2, va avec le Jugement, arcane n° 20, total 22 ; l'Impératrice, arcane n° 3, va avec le Soleil, arcane n° 19, total 22, et ainsi de suite. Cette complémentarité permet de comprendre qu'un arcane répond à un autre et lui apporte des éléments de résolution. Cela se traduit dans un sens, puis dans l'autre également. Ainsi les problématiques du Bateleur trouvent-elles des voies de résolution dans le contenu symbolique de l'arcane du Monde, mais l'arcane du Monde trouve aussi la résolution de ses problématiques propres dans la symbolique positive du Bateleur.
De cette façon, ce couple complémentaire exprime un lien profond et symbolique entre ces deux arcanes. Ici, nous mettons en lumière leur contenu souterrain, ce qui crée un outil de transformation.

✶ La psychologie des profondeurs de C. G. Jung et le tarot

Un tel outil se conjugue avec les concepts de la psychologie, notamment ceux définis par C. G. Jung.

Ainsi, il est manifeste que le tarot est une voie pour avancer dans ce que Jung a déterminé comme le processus d'individuation, c'est-à-dire la capacité de chacun à avancer pour devenir lui-même. Le processus d'individuation signifie que l'on considère que chaque personne a un destin à accomplir. Il s'agit d'un chemin de réalisation totalement unique et personnel. C'est la voie de l'individu qui se singularise et se détache des conceptions communes. Cela ne signifie pas qu'il faille refuser toutes les habitudes et conceptions sociales, loin de là. Cela veut dire que chacun est capable de choisir celles qu'il accepte et celles qu'il ne souhaite pas adopter. C'est aussi sa façon personnelle de vivre cette société. Cela suppose de prendre conscience de soi, de ses capacités et de ses limites, de ses conceptions morales et de la nature des relations que l'on peut développer aux autres et au monde.

✶ Éclairer nos ombres

Le processus d'individuation va amener la personne à prendre contact avec ce que Jung a appelé l'ombre, cette partie sombre de soi-même qui peut nous faire agir malgré nous. Ainsi, par exemple, une personne qui se sent en compétition porte dans l'ombre un complexe d'infériorité qui la pousse à agir malgré elle en se mettant en avant ou en dénigrant son entourage. Tant qu'elle n'aura pas conscience de son complexe, elle sera ainsi en butte avec les autres.

L'ombre est présente tout au long de sa vie. Elle ne se manifeste pas en permanence. C'est dans certaines situations que l'ombre prend de l'énergie et nous traverse, entraînant des réactions qui nous échappent en partie. Le tarot peut nous permettre d'éclairer cette ombre et son impact sur notre vie, de même que le tarot peut nous proposer un cheminement de résolution et un mode de pensée et de réaction pour dépasser les résistances internes au changement.

C'est le grand tirage du tarot sur l'ombre.

COMMENT EFFECTUER LE GRAND TIRAGE DE L'OMBRE ?

Ce tirage se fait avec les 22 arcanes majeurs du tarot de Marseille. Il s'agit de brasser les cartes faces cachées puis de les étaler devant vous afin de tirer trois cartes que vous placez sur la table dans l'ordre où vous les avez tirées. Puis vous les retournez et vous vous reportez à leur message (voir p. 70 et suivantes).

→ **La carte n° 1 représente la part de l'ombre en vous qui est la plus proche de votre conscience** et qui, de ce fait, peut être prise en compte et transformée positivement.
Reportez-vous à l'arcane concerné et lisez sa problématique.

→ **La carte n° 2 représente la part de l'ombre en vous qui est plus profonde,** et donc plus éloignée de votre conscience. Elle vient compléter la première carte.
Reportez-vous à l'arcane concerné et lisez sa problématique.

→ Pour ces arcanes tirés en position 1 et 2
Leurs arcanes complémentaires proposent un premier cheminement de résolution.

→ **La carte n° 3 représente le moyen de déjouer les tentations qui retiennent la personne dans sa problématique.** Il s'agit ici d'avoir une clé pour sortir du cercle vicieux qui maintient dans de mauvaises habitudes et de mauvaises façons de penser.
Reportez-vous à l'arcane complémentaire de cette carte et lisez la résolution proposée.

RAPPEL DES COMPLÉMENTARITÉS

I • BATELEUR	→	XXI • MONDE
II • PAPESSE	→	XX • JUGEMENT
III • IMPÉRATRICE	→	XVIIII • SOLEIL
IIII • EMPEREUR	→	XVIII • LUNE
V • PAPE	→	XVII • ÉTOILE
VI • AMOUREUX	→	XVI • MAISON-DIEU
VII • CHARIOT	→	XV • DIABLE
VIII • JUSTICE	→	XIIII • TEMPÉRANCE
VIIII • HERMITE	→	XIII • ARCANE SANS NOM
X • ROUE DE FORTUNE	→	XII • PENDU
XI • FORCE	→	MAT

(Le Mat n'a pas de nombre et fait miroir de chaque arcane, c'est pourquoi on l'associe à la Force, car 2 x 11 = 22)

Ce tirage de l'ombre, qui est un bilan de son développement personnel, peut se pratiquer une à deux fois par an, pas plus.

✶ **Ou bien faire un tirage simple de la problématique.**

Vous pouvez aussi faire tout simplement un tirage simple sur votre problématique du moment. Ce tirage à une seule carte vous mènera à l'arcane concerné et à sa résolution avec l'arcane complémentaire.

Le tirage de la problématique du moment peut être consulté plus souvent, d'autant plus si vous le conjuguez avec un questionnement (voir le chapitre 2, p. 38).

Par exemple : pourquoi ai-je du mal à choisir le bon partenaire ou la voie professionnelle qui me convient ? Tirage d'une carte : arcane V le Pape. Résolution arcane XVII l'Étoile. Lecture rapide : parce que je reste attaché à des valeurs traditionnelles qui ne me correspondent plus (le Pape). La solution est d'avoir davantage confiance en mon intuition, ma sensibilité, de mieux écouter ma nature profonde pour me guider dans mes choix (l'Étoile).

LES DÉFIS DE VIE ET LEURS RÉSOLUTIONS AVEC LES 22 ARCANES MAJEURS

Le parcours des défis de la vie et de leurs résolutions, tout comme le parcours des questionnements du chapitre précédent, peut se faire de plusieurs façons.

1. En effectuant le parcours dans l'ordre : pour chacune des 22 cartes, lisez sa problématique puis effectuez le tirage de l'ombre et de la lumière pour la travailler. Par exemple, en commençant par l'arcane I, le Bateleur : lisez la p. 70 (problématique de la difficulté d'exister, du doute sur ses capacités), puis tirez les 3 cartes selon le protocole p. 66.

2. En choisissant la voie du pôle conscient : vous choisissez l'arcane qui vous interpelle, pour travailler sur ce qu'il propose avec le tirage de l'ombre sur 3 cartes (p. 66).

3. En choisissant la voie de l'inconscient : vous faites le tirage d'une carte pour déterminer votre problématique du moment. Lisez la problématique de cette carte puis remettez celle-ci dans le paquet. Enfin, effectuez le tirage de l'ombre sur 3 cartes (p. 66) pour la travailler.

Il est possible de pratiquer de ces différentes manières en faisant plusieurs fois le parcours, afin de comparer la voie du conscient et la voie de l'inconscient.

LE BATELEUR & LE MONDE

I • LE BATELEUR

la difficulté d'exister, le doute sur ses capacités

Le Bateleur représente le commencement et la jeunesse, l'élan vital, la capacité d'entreprendre, les idées nouvelles, l'esprit. Mais dans sa face négative, il porte les problèmes du débutant, l'impatience juvénile, quel que soit son âge, la vie trop mentale, la difficulté d'exister par soi-même.

Son mantra : « J'ai peur de me manifester, de montrer qui je suis et ce dont je suis capable. »

L'injonction intérieure à dépasser : « N'existe pas ! »

Le complexe : ne pas être capable, de ne pas être à la hauteur, rester un éternel petit, débutant, sans grande importance.

La tentation : tout commencer sans jamais poursuivre, se disperser.

L'exemple : Lucie est une femme de 50 ans qui se sent toujours débutante dans ses activités professionnelles alors qu'elle a acquis une solide expérience. Mais, face aux autres, elle se considère comme inférieure et cherche en permanence à acquérir de nouvelles connaissances, quitte à se disperser. Lucie dépense beaucoup d'énergie sans vraiment la capitaliser. Pourtant, elle a conscience qu'elle a des capacités mais ne parvient pas à s'imposer et à montrer ce dont elle est capable. Face aux autres, Lucie perd ses moyens.

L'ombre 1, la plus proche du conscient : vous avez tendance à commencer trop de choses sans les poursuivre, cela crée en vous une dispersion et le sentiment d'être toujours débutant.
L'ombre 2, la plus profonde : votre pôle jeune, joueur, insouciant, plein de joie de vivre, est trop refoulé. Votre enfant créatif reste dans l'ombre. Vous avez une difficulté à bien prendre votre place avec les autres.

LA VOIE DE RÉSOLUTION AVEC L'ARCANE COMPLÉMENTAIRE

XXI • LE MONDE

L'arcane du Monde représente une ouverture sur la société tout en restant fidèle à soi-même. C'est cette harmonie entre le regard porté sur soi, sur ses désirs, et la conscience de ce qui se passe dans le monde qui apporte un sentiment de bien-être et de réalisation.
Le mantra clé : « Je relativise. » Et pour y parvenir, il s'agit de se détacher d'une vision centrée sur soi-même pour s'ouvrir et observer le monde autour de soi ; il faut adopter un autre point de vue en prenant conscience de ce qui nous entoure.
L'injonction positive : « Prends conscience de ton existence et de la diversité de la vie. La vie est multiple. Ne reste pas attaché à une façon unique d'avancer, héritée de ton histoire, car c'est elle qui t'empêche d'exister. Ouvre-toi aux autres formes de l'existence pour goûter la joie des sensations, de la créativité, des idées lumineuses et des relations chaleureuses. »
Dépasser le complexe : le moyen de contrebalancer l'injonction négative du Bateleur et son sentiment de ne pas être à la hauteur est de s'ouvrir aux autres, afin de comprendre que nous sommes tous pareils ; nous avons tous peur de ne pas y parvenir, mais nous pouvons dépasser cette crainte et donner le meilleur de nous-mêmes.

D'autre part il n'y a pas qu'une façon de se réaliser et de montrer ce dont nous sommes capables. Lorsqu'une voie se révèle trop difficile, il est toujours possible d'en choisir une autre. Il s'agit de ne pas se focaliser sur une action, une activité ou une façon d'être, mais d'envisager les différentes manières de s'exprimer et de prendre sa place dans le monde. Faire un voyage et aller voir et sentir comment des gens peuvent vivre différemment ailleurs est une excellente thérapie et un enrichissement personnel.

L'art de contourner la tentation de la dispersion : il s'agit de réfléchir à la manière de rassembler et de synthétiser nos diverses tentatives et d'en tirer la substantifique moelle. De tout cela, déduisez la réponse à la question : Qu'est ce qui m'anime et me définit ? Cela permet de dépasser les débuts sans suite de nos activités pour leur donner une forme qui nous sera personnelle. Il s'agit de toujours revenir à ce qui parle à notre âme et de laisser de côté ce qui est anecdotique dans notre existence. Aucun chemin n'est inutile, même si nous le laissons derrière nous sans l'emprunter.

L'exemple et sa résolution : Lucie ne se trouve jamais assez capable. Pourtant, elle reproduit ce schéma encore et encore car elle y trouve ce que l'on appelle « un bénéfice secondaire », c'est-à-dire un profit, un petit contentement qui la détourne de l'essentiel et la maintient dans le problème. Il est donc nécessaire de débusquer ce bénéfice secondaire pour s'en détacher.

Ici, le bénéfice secondaire de Lucie est de ne pas devoir prendre des responsabilités qui l'attacheraient à une situation. En fait, elle a peur de se retrouver bloquée et enfermée si elle assume une position de façon ferme et continue. Ce sentiment lui vient de son histoire. Dans l'enfance Lucie a vu sa mère rester fidèle au poste, dans un mariage pourtant désuni. Sa mère n'a pas tenté de vivre une vie nouvelle. Lucie, qui ne voulait surtout pas vivre la même chose, s'est donc tournée vers la multiplicité de vie et d'activités nouvelles. Elle change sans cesse d'activité par peur de souffrir si elle persévère dans un choix. Grâce à cette prise de conscience, elle va pouvoir transformer son attitude, car elle n'est pas sa mère et sa situation actuelle n'est pas non plus celle vécue par sa mère. Lucie va enfin pouvoir poursuivre dans une activité choisie afin de constater que cela ne l'entrave pas et ne lui apporte pas de souffrance.

EN SYNTHÈSE

La dispersion et la difficulté d'exister
L'harmonie avec les autres et l'écoute de soi

- Le Bateleur exprime les souffrances de ne pas se sentir capable et de masquer ce sentiment par une tendance à papillonner et à tester de nombreuses choses sans persévérer. Le Bateleur est dispersé, trop mental, il reste au plan des idées et ne parvient pas à les concrétiser.
- Avec l'arcane du Monde, il s'agit d'aller jusqu'au bout d'une réalisation en comprenant que le plus important n'est pas de choisir la bonne voie, le bon outil, mais de persévérer dans un choix afin de le réaliser pleinement. C'est dans cette réalisation que se trouve le sentiment de plénitude cher à l'âme. C'est en finissant un travail, une œuvre, une entreprise, que l'on conquiert une place qui rend joyeux. Et peu importe qu'il s'agisse d'une petite ou d'une grande œuvre. Son importance n'entre pas en considération pour ressentir la plénitude et l'harmonie de cet aboutissement. Seule la joie de la réalisation revêt de l'importance. Ici, avec Le Monde, il s'agit de profiter de son existence.

LA PAPESSE & LE JUGEMENT

II • LA PAPESSE

le manque de sécurité intérieure, le repli sur soi

La Papesse représente la sagesse et la connaissance, le soutien et la sécurité, la préparation de l'avenir et la patience, l'autorité bienveillante. Mais, repliée sur elle-même, elle comporte aussi un sentiment d'insécurité, une tendance à tout garder en soi-même, une peur d'être envahi ou blessé par l'autre, une surprotection.

Son mantra : « J'ai peur des autres et j'ai tendance à ne rien montrer de ce que je pense et ressens. »
L'injonction intérieure à dépasser : « Protège-toi ! »
Le complexe : ne jamais se sentir en sécurité, avoir besoin de se protéger et voir l'extérieur comme un danger.
La tentation : rester chez soi et dans ses zones d'habitude et de sécurité. Ne pas intervenir ni exprimer ce que l'on ressent.
L'exemple : Noémie, une jeune femme, a pris l'habitude de garder pour elle ses impressions et ses opinions. Confrontée à une chef difficile et très dirigiste dans son travail, Noémie se tait et encaisse tout. Elle craint d'être renvoyée si elle ose s'exprimer. Elle est pourtant consciente de ce qui ne va pas dans l'organisation du travail. Son attitude de repli ne la protège pourtant pas des piques de sa chef, bien au contraire. C'est une souffrance quotidienne. Mais la crainte d'un rejet et de perdre sa place

est la plus forte. Sa peur, bien qu'illusoire (sa position dans l'entreprise n'est pas du tout remise en question), reste présente.
L'ombre 1, la plus proche du conscient : vous avez tendance à vous surprotéger et à ne pas dire ce que vous avez sur le cœur. Cette attitude donne lieu à divers quiproquos et incompréhension de la part des autres.
L'ombre 2, la plus profonde : vous ne savez pas prendre soin de vous-même. Vous avez du mal à être à l'aise avec votre corps et les choses triviales. Vous êtes plutôt du genre spirituel.

LA VOIE DE RÉSOLUTION AVEC L'ARCANE COMPLÉMENTAIRE

XX • LE JUGEMENT

Le Jugement représente la capacité de s'ouvrir à ses idées, de les accueillir et de les exprimer. C'est une image de l'intuition qui peut nous guider dans nos choix et nos décisions. Avec le Jugement, on s'élève et on prend de la hauteur sur les problèmes, ce qui permet de trouver des solutions nouvelles.
Le mantra clé : « J'ose écouter les idées qui me viennent et les exprimer car elles sont bien accueillies. » C'est en s'élevant au-dessus de ses craintes et de ses habitudes que l'on va au-devant de belles surprises. Oser se montrer aux autres est bénéfique.
L'injonction positive : « Exprime tes idées sans crainte, tu seras écouté et ton esprit sera reconnu. Lorsque tu es à l'écoute de tes intuitions, tu peux faire naître des situations nouvelles. » Il faut croire à la possibilité du changement, l'évolution positive est possible. La vie n'est pas statique, elle aime ce qui bouge et cherche à s'élever. Il y a une logique à chercher à progresser et à changer. L'univers est à l'écoute des actions en ce sens.
Dépasser le complexe : ne pas se sentir en sécurité est lié aux histoires et sentiments du passé, lorsqu'on n'avait pas les moyens de dépasser ou

de comprendre une situation qui nous mettait en insécurité. Aujourd'hui, il en va différemment. Il s'agit de prendre conscience que vos capacités ont changé et vous donnent les moyens d'intervenir efficacement. Se protéger représente un poids qui n'est plus indispensable, ni même nécessaire. Faites l'expérience de vous montrer et vous réaliserez que l'extérieur ne vous veut pas de mal. Sans tomber dans la naïveté et en restant à l'écoute de vos idées, il est possible de vous ouvrir et de vous montrer dans un espace qui va se révéler accueillant.
Lâcher votre carapace peut se révéler une expérience très enrichissante. Il y a même des chances de vivre de façon plus légère et avec une pointe d'humour.
L'art de contourner la tentation de rester caché et sage dans son coin : il faut combattre la croyance que bouger nous expose aux problèmes et que rien de négatif ne peut survenir tant que l'on ne bouge pas. C'est l'inverse. Oser se montrer, manifester son ambition et ses opinions ne peut que produire de la reconnaissance et les changements (de niveau social ou personnel).
D'autre part il est aussi question d'être à l'écoute de ses impressions et de mener des actions en accord avec celles-ci. Osez vous exprimer, exposer vos idées et mener vos initiatives ! Tester la nouveauté et se tourner vers l'extérieur apportent des ouvertures, sources de réussites. Le monde qui vous entoure est bien disposé à vous entendre vous exprimer !
L'exemple et sa résolution : Noémie, qui subit, à son travail, une chef tyrannique, trouve un bénéfice secondaire, par peur d'être renvoyée, à rester dans cette position connue : rester tranquille, cachée, lui permet d'obtenir un sentiment de sécurité. Mais cette sécurité est douloureuse à vivre et peut même se révéler illusoire. Cette attitude vient du passé de Noémie. Lorsqu'elle était enfant, elle cherchait à éviter les punitions violentes de sa mère, que sa sœur aînée subissait avec stoïcisme.
Noémie a pris l'habitude de se taire et de se faire toute petite pour éviter le courroux de sa mère. Cette situation a créé en elle un grand sentiment d'insécurité. Elle n'a jamais pu compter sur qui que ce soit pour être protégée. Aujourd'hui, elle doit comprendre qu'elle a la capacité de

faire face car elle n'est plus cette enfant désarmée et dépendante. Pour résoudre son problème, elle doit aller de l'avant et passer à un niveau supérieur dans son travail. Noémie vit au-dessous de ses capacités. En osant postuler pour un travail à un niveau supérieur, elle pourra échapper aux petits chefs et vivra plus en accord avec ses moyens. Elle doit faire l'expérience de montrer ses aptitudes et de les faire reconnaître par les autres. Elle sera bien accueillie et ne rencontrera pas d'opposition violente.

C'est ce qu'exprime l'arcane le Jugement, qui demande de se montrer au grand jour et de révéler son esprit et ses capacités. On aura alors la surprise d'être salué et reconnu dans son désir d'évoluer. Dès que l'on accepte de se montrer et de dévoiler son ambition, on va rencontrer le succès. Cela est aussi valable pour sa vie personnelle.

L'ange de l'arcane le Jugement est une image de l'intuition, cette petite voix qui parle à la personne et la soutient, l'oriente et lui apporte ce sentiment de protection dont elle a besoin. C'est en s'appuyant sur les idées venues de cette intuition que Noémie va trouver sa véritable sécurité intérieure. Elle n'aura plus besoin de se protéger et de se taire.

EN SYNTHÈSE

Le manque de sécurité et le repli sur soi
La reconnaissance publique et l'ambition

- La Papesse exprime le sentiment d'insécurité qui pousse à se retrancher en soi-même. De ce fait, la personne garde en elle ce qu'elle pense et ressent. Ce retrait la rend vulnérable car cela laisse les autres imaginer ce qu'elle pense et se tromper sur son compte. D'où les attaques ou quiproquos vécus par méconnaissance de l'autre.
- La résolution réside, avec l'arcane du Jugement, dans l'expression publique de ses idées et de ses ambitions. Une fois l'esprit de la

personne libéré, la reconnaissance publique est là, et les relations avec autrui s'en trouvent améliorées. La véritable sécurité se trouve dans cette façon nouvelle de se présenter aux autres. Car, alors, sa parole sera bien entendue et la plupart du temps bien acceptée. Oser se montrer, en écoutant son intuition et ses idées, est une source de renouveau et de joie. Un guide s'exprime en chacun de nous. Se mettre à son écoute, et suivre les directions qu'il exprime, est un moyen sûr pour s'élever et aller vers une réalisation personnelle.

L'IMPÉRATRICE & LE SOLEIL

III • L'IMPÉRATRICE

l'expression difficile, le manque de confiance en soi

L'Impératrice représente la capacité de s'exprimer, la créativité et une certaine assurance en société. C'est une personne sûre d'elle et de ses capacités. Mais elle a aussi des difficultés pour bien communiquer avec les autres. Soit elle parle trop et de façon agressive, soit elle se tait et ne parvient pas à exprimer ce qu'elle pense vraiment.

Son mantra : « Je ne trouve pas la façon juste et équilibrée de m'exprimer et d'entrer en relation avec les autres. »
L'injonction intérieure à dépasser : « Tu ne sais pas communiquer. »
Le complexe : ne pas oser prendre sa place et la parole, ou le faire si maladroitement que l'on n'obtient pas le résultat escompté. Penser que l'on n'est pas écouté ou compris.
La tentation : s'exprimer de façon abrupte et heurter les autres par des paroles blessantes.
L'exemple : Sébastien, un jeune homme, entretient une relation amoureuse avec une jeune femme dont il se sent incompris. Il souffre de ne pas parvenir à s'exprimer et devient parfois brutal dans sa façon de communiquer, ce qui n'améliore pas la relation. Sébastien sent que son amie ne lui laisse pas suffisamment de place et d'autonomie. Il ne parvient pas à lui dire qu'elle est un peu trop possessive ou intrusive. Soit Sébastien se replie sur lui-même et cherche à l'éviter, soit il lui parle

un peu trop directement et se montre blessant. Sébastien ne trouve pas le courage d'aborder de front avec elle le problème, car il craint qu'elle ne le rejette. Le résultat est pourtant un éloignement et une relation difficile. Sébastien obtient le contraire de ce qu'il souhaite, et ses craintes s'en trouvent renforcées.

L'ombre 1, la plus proche du conscient : vous avez tendance à ne pas bien communiquer avec les autres. Des paroles blessantes sortent de votre bouche malgré vous. De ce fait, vous n'êtes pas bien compris, ni vraiment écouté.

L'ombre 2, la plus profonde : vous manquez de confiance en vous et vous ne vous autorisez pas à exprimer vos idées ou votre ressenti. Vous ne développez pas assez vos capacités créatives.

✦

LA VOIE DE RÉSOLUTION AVEC L'ARCANE COMPLÉMENTAIRE

✦

XVIIII • LE SOLEIL

Le Soleil représente une ouverture aux autres et la capacité de se montrer naturel avec autrui. C'est l'image d'une relation amicale, bienveillante et aidante entre les personnes. Avec le Soleil, il est question d'un rayonnement personnel simple et facile, de savoir prendre sa place avec de la bienveillance à l'égard de l'autre.

Le mantra clé : « J'ose me montrer tel que je suis, m'affirmer de façon claire et ouverte, cela va remporter l'écoute, l'adhésion et la compréhension de l'autre. »

L'injonction positive : « Tu as le droit de prendre pleinement ta place et de manifester ouvertement ta présence et tes idées. » Lorsque l'on se montre sans détour, cela crée une ambiance claire dans les relations. L'échange et la compréhension sont possibles car chacun peut ainsi prendre sa place. C'est une façon d'autoriser l'autre à le faire. D'où le sentiment de bienveillance que cela éveille en l'autre. C'est l'ouverture sur une relation réciproque, à égalité, chaleureuse et claire.

Dépasser le complexe : ne pas se sentir capable ou autorisé à s'exprimer simplement vient souvent d'une éducation qui a dévalorisé l'enfant. Durant sa jeunesse, on a été rabaissé par ses proches, qui nous ont fait sentir qu'on était moins bien, moins intelligent que l'autre. Cette dévalorisation est devenue une sorte de loi interne. C'est de celle-ci qu'il faut prendre conscience pour la transformer. L'objectif est de ne plus se dévaloriser et de ne pas accepter que l'autre le fasse. Il s'agit de reprendre conscience de sa valeur et de l'exprimer en manifestant ses capacités et ses idées. Il n'y a aucune raison de se sentir inférieur à l'autre. Chacun est différent, et même si les savoirs et les capacités ne sont pas les mêmes, les êtres humains se valent. C'est une question de conception morale. Il s'agit de lâcher le sentiment d'être inférieur et de prendre conscience de ce que l'on a à dire de spécifique et de personnel. Oser également parler de façon légère, sans rechercher la gravité, les choses sérieuses et les mises au point, simplement vivre le plaisir de communiquer avec l'autre.

L'art de contourner la tentation de la dévalorisation interne : il s'agit de s'ouvrir à une relation égalitaire, reposant sur une vision logique de la situation. Vous avez besoin d'objectivité pour contrecarrer le sentiment négatif. Regardez la situation ou la relation avec du recul, éclaircissez vos idées. Vous allez constater que votre intelligence est là pour vous soutenir et vous permettre de mieux communiquer. Il suffit parfois d'être conscient de soi et de sa place pour qu'un respect de l'autre s'installe. Ne vous justifiez pas, soyez simplement présent. Vous serez surpris de la réaction différente des autres.

L'exemple et sa résolution : ne pas parvenir à prendre sa place dans sa relation amoureuse risque d'amener Sébastien à rompre alors qu'il ne le souhaite pas. Il s'agit pour lui de prendre conscience de ce qu'apporte à l'autre sa présence, son humanité. Mais également de demander que l'autre soit aussi plus humaine et amicale. C'est une question de choix moral, et l'autre y sera sensible. Toutefois, si l'amie de Sébastien n'est pas sensible à la demande d'un échange chaleureux et équilibré, il doit

prendre conscience que cette amie ne lui convient pas sur le plan amoureux. Sébastien doit réaliser que ses sentiments doivent être en accord avec son sens des valeurs humaines. Il s'agit pour lui de les montrer et de les mettre en avant. Et cela change tout. Car alors Sébastien va prendre conscience de sa propre valeur (même si ses parents ne la reconnaissaient pas, le comparant toujours à son frère, plus doué que lui). Sébastien doit cesser de se comparer aux autres et connaître ses propres valeurs, celles qui lui correspondent. Il trouvera alors sa place et sa façon d'entrer en relation avec l'autre. Pour changer de position à l'égard de son amie, ne plus se sentir toujours dévalorisé, Sébastien doit réaliser qu'il possède des qualités et un pouvoir de rayonnement. Son attitude chaleureuse et humaine est sa qualité. Il n'a pas besoin de justification, il lui suffit de manifester cette façon d'être. Il doit lâcher le modèle familial, fondé sur un échange intellectuel. Pour lui, une relation amoureuse épanouie reposera sur l'échange sensible et le partage.
C'est ce critère qui doit prévaloir pour trouver la bonne partenaire, celle qui sera véritablement une amie de cœur. Le Soleil représente un véritable partage affectif, où chacun apporte à l'autre une chose différente, mais où l'échange se situe à égalité. Il existe pour chacun une place au soleil. C'est une ouverture vers une relation claire, sans rapport de force ni comparaison. Ainsi résout-on la problématique exprimée par l'Impératrice.

EN SYNTHÈSE

La communication difficile et la dévalorisation de soi
Le pouvoir bienveillant et l'échange égal

- L'Impératrice exprime la souffrance de ne pas bien communiquer avec l'autre, soit en étant trop brutal, soit en gardant l'essentiel pour soi. Sa problématique est de se sentir inférieur à l'autre. Ce sentiment de dévalorisation amène à ne pas prendre pleinement sa place.
- Avec le Soleil, il s'agit de prendre conscience de son droit à l'existence, à l'égalité avec autrui. Il est possible de choisir les relations qui seront les plus en accord avec nous-mêmes et nos valeurs. Sortir de la compétition pour aller vers les situations d'entraide et de travail collectif bienveillant est possible et nécessaire. Trouver les relations affectives qui respectent chacun est aussi un choix moral et une façon d'affirmer son point de vue. L'arcane le Soleil appelle aussi la personne à réaliser sa capacité de diriger les autres avec bienveillance et de se faire respecter d'autrui grâce à cette attitude claire et bienveillante. Il s'agit ici de développer le partage plutôt que l'ambition personnelle, source de compétition et de conflit.

  L'ambition devient collective et permet de mieux trouver sa place et de ressentir plus d'harmonie. Le bonheur et l'amour suivent ces mêmes chemins.

L'EMPEREUR & LA LUNE

IIII • L'EMPEREUR

la rigidité et le cadre étouffant

L'Empereur représente l'acte d'agir, la capacité à organiser sa vie, pour soi et pour les autres, le sens des responsabilités et l'autorité bienvenue. C'est un homme sûr de ses capacités. Mais dans sa face négative, l'Empereur exprime une conception étriquée des choses. Il développe une activité dans un cadre rigide qui le cantonne et réduit son entourage à une existence trop corsetée. Il s'étouffe lui-même et peut étouffer les autres.

Son mantra : « Je me donne un cadre trop étroit qui m'empêche de vivre ma créativité et mon véritable caractère. »
L'injonction intérieure à dépasser : « Respecte un cadre strict ! »
Le complexe : ne pas oser s'exprimer ou agir en dehors de certaines règles que l'on se fixe, par crainte de vivre de façon débridée, incohérente, et de se perdre soi-même.
La tentation : se restreindre et se limiter pour se sentir en sécurité dans ses actions.
L'exemple : Marc, un homme de 40 ans, travaille comme comptable dans la même entreprise depuis plus de dix ans. Bien qu'il ressente une certaine lassitude dans son travail, il ne parvient pas à envisager une évolution ou un changement professionnel. Il se donne pour règle de continuer ce qu'il a commencé à faire. Pourtant, au départ de sa vie professionnelle, Marc

aurait voulu faire un autre choix. Il aimait les métiers où le corps est en action, comme la danse ou le yoga. Cet univers-là est celui pratiqué par sa mère. Mais son père l'a dissuadé de poursuivre dans cette voie, car il ne considérait pas cela comme un métier. Marc est donc resté dans la voie proposée par ce dernier : comptable. Il a d'abord exercé dans l'entreprise paternelle, puis dans la société où il travaille actuellement.
L'ombre 1, la plus proche du conscient : vous avez tendance à vous contraindre à des règles concrètes et logiques. Vous ne laissez que peu de place à l'imagination et à la fantaisie.
L'ombre 2, la plus profonde : vous avez parfois des difficultés à agir car vous ne savez pas sur quoi vous baser pour le faire. Vous manquez de stabilité et vous vous imposez un cadre fort pour compenser ce manque.

LA VOIE DE RÉSOLUTION AVEC L'ARCANE COMPLÉMENTAIRE

XVIII • LA LUNE

La Lune représente l'imagination active, le ressourcement intérieur, l'art d'évoluer parmi les autres et de changer. La Lune est une image de l'accueil, de l'écoute de soi et de l'autre. C'est s'ouvrir à la diversité infinie des solutions. La Lune illustre un univers sensible qui reste en contact avec les réalités et les besoins matériels, notamment liés à l'habitation et aux finances.
Le mantra clé : « Je m'ouvre à des possibilités différentes. J'écoute la voix de ma sensibilité, mes rêves peuvent se réaliser. Je trouve les chemins d'une vie différente, multiple et plus enrichissante. J'ose entrer dans l'univers de la vie intérieure et je sais entendre les messages de mon inconscient. »
L'injonction positive : « Accepte ton monde intérieur et ouvre-toi à d'autres chemins. Les rêves peuvent devenir réalité. » L'imagination et la sensibilité sont des sources où puiser pour agir. Le monde n'est pas

fait que de relations étroites à la matière. La réalité comporte plus d'un chemin possible, les voies de réalisation sont multiples. Écouter son univers intérieur peut être une bonne façon de se guider et de faire des choix.

Dépasser le complexe : l'idée qu'il faut rester dans un cadre strict sous peine d'avoir des ennuis ou de se perdre soi-même vient d'une éducation trop sévère et rigide. Il s'agit de comprendre qu'aujourd'hui on est capable de se mettre des garde-fous et qu'on ne risque pas d'être entraîné malgré soi dans des voies sans issue ou dangereuses. Vous pouvez faire confiance à votre ressenti et à votre intuition pour vous guider. Ainsi, vous faites l'expérience d'une existence plus riche et ouverte, notamment sur les autres et sur une diversité de façons d'être. Les habitudes du quotidien trop rigides peuvent être dépassées en envisageant d'autres façons d'agir, voire même en suspendant l'action pour se donner le temps de réfléchir. La nécessité d'être toujours sur le pont en train de s'activer peut se revoir. Il est parfois bon de s'autoriser à attendre et d'approfondir une situation plutôt que de s'agiter en permanence. Lâcher la notion de devoir faire, c'est réaliser un changement intérieur, et c'est un grand pas. Lâcher l'idée qu'il faut toujours être productif au niveau matériel, c'est aller vers d'autres plans d'existence. Cela passe par s'autoriser à réfléchir avant d'agir, s'autoriser à se ressourcer en écoutant son feeling, enfin s'autoriser à ne pas chercher ce qui est utile, matériel et concret, mais investir l'univers de l'imagination.

L'art de contourner la tentation de se limiter : s'accrocher aux habitudes et aux choses matérielles pour obtenir un sentiment de sécurité, ce qui est fragile et souvent illusoire. Il s'agit de retrouver cette sécurité intérieure en s'appuyant sur les ressentis et les intuitions qui viennent du fond de soi-même. Ces sentiments et ces idées nous ressemblent bien plus qu'un cadre imposé par d'autres et qui nous enferme.

La sensibilité et l'écoute sont des moyens de se sentir en sécurité, car on va aborder la réalité de façon plus juste. Se montrer souple face aux situations et dans les relations permet de s'adapter et de répondre avec plus de réalisme. C'est donc plus efficace. Oui, vous serez plus efficace en vous écoutant et en prenant temps de la réflexion plutôt qu'en imposant votre façon d'agir. Contrairement à ce que vous avez toujours pensé, c'est le plus rapide. Le chemin le plus court pour faire aboutir un projet passe par un temps de réflexion.

L'exemple et sa résolution : Marc, qui s'ennuie dans son travail de comptable sans parvenir à en changer, tire un bénéfice secondaire à rester dans son poste : se maintenir dans sa zone de confort, avec un sentiment de maîtrise. Pas de prise de risque, il se sent en sécurité, mais cela le mine de l'intérieur. Un besoin impérieux de changement le pousse à s'interroger. Marc va devoir remettre en question le cadre rigide qu'il s'est forgé. C'était la façon de voir de son père, à qui Marc s'identifiait. Il doit s'affranchir, prendre conscience qu'il n'a plus besoin de l'assentiment paternel. Le bénéfice secondaire que Marc retire de cette situation est de se sentir soutenu dans ses choix par son père. Mais il n'a plus besoin de cela car aujourd'hui il peut se soutenir lui-même dans ses choix grâce à sa capacité de réflexion personnelle. Il s'agit pour lui de penser par lui-même, sans référence à son père ou à sa mère. Ainsi, Marc pourra trouver des chemins de résolution de son problème. Il ne se sentira plus bloqué dans un poste de travail mais pourra envisager d'autres issues. Il s'agit pour lui de réfléchir et de s'écouter, tout en restant en contact avec les réalités. En sortant de la gangue étroite où il s'est placé, Marc va découvrir qu'il est tout à fait capable d'envisager sa vie autrement et de la réaliser.

C'est le sens de l'arcane la Lune, où il est question de sentir et de rêver sa vie tout en respectant les limites et les réalités matérielles, ce que nous rappelle la présence des chiens et des tours, ainsi que l'écrevisse dans les eaux profondes. Ce sont nos garde-fous qui nous maintiennent les pieds sur terre et nous permettent ainsi de rêver à des choses qui nous ressourcent pour le présent et l'avenir.

EN SYNTHÈSE

Le cadre étriqué et la fausse sécurité
L'ouverture sur ses ressources profondes

- L'Empereur exprime la tendance à vivre de façon étroite et rigide en restant sur des habitudes de vie acquises. Ce cadre étouffant ne permet pas de s'épanouir vraiment. Cela empêche d'aller explorer d'autres aspects de soi-même. Cette fausse sécurité est un éteignoir qui bride la flamme créative. Cela entraîne un sentiment de fatigue et de lassitude que l'on ne parvient pas à dépasser.
- La résolution réside, avec l'arcane de la Lune, dans l'ouverture à ses sentiments profonds. La confiance dans son ressenti et ses intuitions peuvent enfin permettre de trouver des voies de réalisation. Laisser venir l'inspiration, les rêves – et chercher à les mettre en pratique – devient un objectif réalisable. Ainsi va-t-on s'appuyer sur ses véritables capacités et sur son pôle créatif. Cela sera porteur de réussite. Une autre faculté se fera jour : son sens des affaires et son aptitude à faire circuler l'argent ou les informations. Dans la société et la vie familiale, on trouvera diverses façons souples et inventives d'avancer. Cela nous donnera un plaisir beaucoup plus grand, nous faisant oublier les règles trop étroites. Savoir réfléchir et s'adapter, c'est trouver les solutions fiables, source de stabilité.

LE PAPE & L'ÉTOILE

V • LE PAPE

la morale restrictive et le besoin de reconnaissance

Le Pape représente la bienveillance parentale, l'art d'éduquer et de transmettre ainsi que le désir d'apprendre. C'est le respect des valeurs justes et le fait de vivre en accord avec sa morale personnelle. Mais, dans son pôle négatif, le Pape évoque une autorité s'exerçant sans bienveillance, une morale qui restreint l'existence ou une tradition en contradiction avec notre vie et nos désirs. Une règle très stricte dans laquelle on se sent étriqué, qui nous opprime, que l'on subit et contre laquelle on se retrouve en opposition ou en résistance. On ne parvient ni à s'en libérer ni à en obtenir de la reconnaissance.

Son mantra : « Je ne me sens pas reconnu ni soutenu et je manque de règles sur lesquelles m'appuyer. »
L'injonction intérieure à dépasser : « Il n'y a pas de bons conseillers ou de bons chefs. »
Le complexe : ne pas accepter les règles et la hiérarchie en les considérant comme toujours mauvaises. Ne pas s'insérer facilement dans les structures de société.
La tentation : refuser toute forme d'organisation hiérarchisée et se méfier de toutes les règles.
L'exemple : Anna, une jeune femme, travaille dans un groupe bancaire où elle végète à un poste subalterne. Elle voit les autres progresser

tandis que la direction ne lui propose jamais d'évolution. Anna en conçoit de l'amertume, ce qui renforce son mépris pour sa hiérarchie. Elle a tendance à travailler dans son coin, en réduisant au maximum ses contacts avec ses supérieurs. Parfois elle explose et manifeste avec force son opposition aux consignes qu'elle désapprouve. Anna ne parvient pas à avoir une relation ouverte avec ses chefs. Dans sa famille, elle est considérée comme un mouton noir. Anna n'est bien nulle part.

L'ombre 1, la plus proche du conscient : vous avez tendance à vous conformer aux conceptions de vie acquises et traditionnelles, quitte à vous contraindre. Vous êtes souvent en résistance ou en conflit avec la hiérarchie.

L'ombre 2, la plus profonde : vous avez du mal à établir vor valeurs et à mettre des limites à vous-même et aux autres. Vous cherchez la reconnaissance de vos aptitudes auprès d'autrui sans l'exprimer vraiment.

✦

LA VOIE DE RÉSOLUTION AVEC L'ARCANE COMPLÉMENTAIRE

✦

XVII • L'ÉTOILE

L'Étoile représente la douceur, la vie naturelle et confiante, la capacité de donner et d'apporter du bien-être à autrui. C'est un arcane lié au service des lois de l'univers, qui va dans le sens de la vie. L'Étoile a foi dans la bonne et juste action du monde. Elle est tournée vers l'avenir et se sent en sécurité dans l'univers. Elle suit son intuition, qui est pour elle un guide authentique.

Le mantra clé : « J'écoute mes intuitions, elles sont un moyen de me sentir conforté et réconforté. L'univers m'apporte des signes pour me soutenir dans le présent et me préparer pour l'avenir. Il est bon d'avoir confiance en la vie pour m'apporter les solutions les plus adaptées. »

L'injonction positive : « Aie confiance en l'univers, chacun a une bonne étoile qui le guide. » Le manque de références positives peut se trouver

compensé par les messages que la vie nous envoie. Se montrer confiant et oser montrer sa nature véritable apportent de bonnes solutions. Il ne faut pas avoir peur de se découvrir aux autres tel que l'on est vraiment, tout en restant à l'écoute de son ressenti pour se guider dans cette voie.
Dépasser le complexe : comment retrouver la confiance nécessaire pour avancer dans la vie et définir ses propres façons de vivre avec les autres ? Tout d'abord en prenant conscience que l'on ne montre pas sa vraie nature, de peur de paraître vulnérable. Or c'est en acceptant de se révéler dans ses vrais sentiments que l'on va bâtir des relations de confiance avec autrui. Il ne sert à rien de se barricader ou de se murer dans la révolte. La véritable solution est d'exprimer sa vérité, ses ressentis, et de faire confiance à la vie pour nous apporter des éléments pour nous guider.
Les conflits d'autorité avec ses parents et ses enseignants ne sont pas la règle. Il est possible d'entretenir d'autres rapports plus ouverts et bienveillants avec autrui. Apporter sa confiance à l'autre le place dans une bonne disposition à votre égard. Car le contraire est évidemment vrai. Plus l'on se méfie de l'autre, moins celui-ci sera bienveillant et ouvert envers vous. Il est nécessaire d'inverser la tendance et de vérifier combien cela change les relations.
Une attitude ouverte et intuitive sollicite la chance.
L'art de contourner la tentation de la rébellion : il s'agit de sortir de la révolte contre les règles ou de s'extirper d'une éducation contraignante, afin d'aborder la relation à l'autre selon d'autres critères. Avec l'arcane l'Étoile, la recherche de son authenticité est nécessaire. L'objectif : ne plus se mentir sur ce que l'on ressent et souhaite vraiment. Rester sincère avec soi-même est source de bien-être et de soulagement. Ensuite, pouvoir montrer aux autres cette vérité que l'on a découverte sur soi-même. Alors on aura la surprise de constater que cela est très bien accueilli. Car la vérité mène à la bienveillance des autres, même s'ils ne partagent pas votre position.
L'exemple et sa résolution : Anna est amenée à se questionner sur son attitude. Elle comprend que la position de ses supérieurs, qui la bloquent dans son évolution professionnelle, vient surtout de sa façon

de réagir à l'égard de la hiérarchie. Tant qu'elle reste dans l'opposition et dans une vision négative de ses chefs, son évolution sera gelée. Encore dépendante de l'éducation qu'elle a reçue, Anna doit gagner son indépendance d'esprit et voir les choses autrement. Elle doit cultiver la possibilité d'un rapport de confiance avec l'autre. C'est toute une conception de vie à revoir.

Anna peut se donner de nouvelles règles d'existence. Au lieu de se méfier d'autrui de prime abord, elle peut mettre en place une attitude confiante, puis écouter son ressenti, pour ensuite faire le tri entre ce qui est bon et ce qui est mauvais.

Pour ce faire, Anna doit être à l'écoute d'elle-même et de son intuition afin de se guider et de trouver sa véritable nature. Car celle-ci est enfouie sous les principes d'une éducation perturbante. Anna ne sait pas bien ce qu'elle aime ni ce qu'elle veut vraiment. Il s'agit pour elle de se définir et de se connaître, plutôt que de se réaliser dans l'opposition à l'autre. Le bénéfice secondaire qu'Anna doit lâcher est une certaine façon d'être confortée par une tradition familiale. Elle attend toujours de l'autre d'être reconnue, mais ne l'obtient jamais, ce qui conforte ses pensées négatives sur autrui. Pour passer à autre chose, Anna doit accepter de se lancer dans le vide et avoir confiance dans l'avenir. C'est un passage un peu inconfortable mais qui ne dure pas. Très rapidement elle en recevra les effets bénéfiques.

La chance sourit à ceux qui osent être eux-mêmes. En suivant ce chemin, à l'image de l'arcane l'Étoile, Anna recevra des bienfaits de son entourage. Cette attitude positive et ouverte aura des répercussions aussi bien dans sa vie professionnelle que dans sa vie privée. En se mettant à l'écoute d'elle-même, en respectant sa sensibilité, Anna pourra remiser son besoin de reconnaissance. Elle avancera plus confiante et attirera à elle le respect pour sa vraie nature.

Ainsi, Anna quittera la problématique du Pape et ses règles contraignantes, en rejoignant l'univers de bien-être de l'Étoile.

EN SYNTHÈSE

La vision fermée et traditionnelle de la vie
L'espoir, le service et le don de sa vraie nature

- Le Pape exprime la difficulté à sortir d'un cadre fermé lié au devoir et aux traditions, soit auquel on se conforme, soit contre lequel on se révolte. C'est une forme de prison morale qui étouffe la vraie nature de la personne. Elle ne parvient pas à se libérer des schémas de pensée acquis.
- Avec l'Étoile, il devient possible de s'ouvrir à une autre réalité. Celle qui se nourrit de l'intuition et de la sensibilité. Cela permet de révéler ses dons, notamment dans les domaines artistiques. En se montrant naturel et simple, on va attirer la sympathie de son entourage. Les relations vont s'améliorer car fondées sur des rapports clairs et directs. En s'extirpant de la gangue des idées reçues, on accède à une source de joie et de paix intérieure. On peut partager avec les autres ce sentiment d'espoir. Faire don de soi avec simplicité devient chose facile. En écoutant les messages de l'Étoile, on développe son intuition et sa confiance dans la vie. Il existe une multitude d'étoiles, autant de soleils et de façons de vivre selon les règles de son propre univers.

L'AMOUREUX & LA MAISON-DIEU

VI • L'AMOUREUX

le choix impossible et le manque affectif

L'Amoureux représente la relation amoureuse harmonieuse, les choix du cœur, les contacts équilibrés et le soutien réciproque, les bonnes associations. Mais dans sa phase négative, l'Amoureux évoque le manque d'amour. C'est à la fois le manque affectif et la difficulté à donner de l'amour. Il s'agit de la peur d'exprimer ses sentiments, avec l'idée que cela ne se fait pas, ou que c'est se rendre vulnérable, montrer une faiblesse. L'arcane l'Amoureux représente aussi la difficulté de choisir, ne sachant pas ce que l'on veut et restant dans l'hésitation entre diverses possibilités.

Son mantra : « Je ne pas parviens pas à bien choisir et je me sens en manque d'amour. »

L'injonction intérieure à dépasser : « Tu n'es pas digne d'être aimé ! »

Le complexe : ne pas être capable de faire les bons choix car tiraillé entre des options différentes. La peur de ne plus être aimé si on manifeste ses vrais sentiments et ses vrais choix.

La tentation : rester toujours entre deux options et ne jamais trancher.

L'exemple : Aurélie est une jeune femme qui se sent mal-aimée par sa mère. Celle-ci a toujours préféré sa sœur, plus féminine, plus proche d'elle-même. Aurélie n'a pas une vie amoureuse épanouie. Elle se trouve de peu d'intérêt, pas vraiment digne d'amour. Sa vie professionnelle se déroule bien mais elle souffre d'un manque indépassable dans sa vie amoureuse. Sa mère et sa sœur, qui a une vie de famille épanouie, lui font sentir qu'elle n'est pas capable d'attirer un amoureux. Malgré la souffrance que cela lui cause, Aurélie continue d'entretenir des liens étroits avec sa famille. Elle rend régulièrement visite à sa sœur et sa mère.

L'ombre 1, la plus proche du conscient : vous avez tendance à éviter de choisir et à ne pas savoir ce que vous voulez vraiment. Vos sentiments restent cachés, et parfois cachés à vous-même.

L'ombre 2, la plus profonde : vous avez des difficultés à vous aimer vous-même. Même si vous ne l'exprimez pas, vous êtes en quête d'amour auprès des autres.

LA VOIE DE RÉSOLUTION AVEC L'ARCANE COMPLÉMENTAIRE

XVI • LA MAISON-DIEU

La Maison-Dieu représente une ouverture à des idées nouvelles. Cet arcane veut produire un déclic : comprendre enfin que les façons d'être et de penser qui guident vos actions et vos sentiments sont un véritable corset. On peut s'en sortir : la vie peut vous faire vivre d'autres expériences porteuses de plaisirs.

Le mantra clé : « Je m'ouvre à d'autres façons de vivre et de penser. » Il n'y a pas qu'un seul modèle, celui reçu avec l'éducation. Les vérités sont multiples, et vivre des choses nouvelles est le meilleur des remèdes à la morosité et à la souffrance.

L'injonction positive : « Sors de ta zone de confort et d'habitudes, ose faire des expériences nouvelles. » Il s'agit de sortir de son chez-soi et de ses idées reçues, afin de réaliser concrètement que le monde n'est pas comme on l'imagine. Prendre enfin conscience du carcan qui nous enserre ouvre une porte vers de nouvelles expériences. Seul le travail de terrain apporte des résultats positifs.

Dépasser le complexe : pour contrer le sentiment de ne pas pouvoir être aimé, d'où découle la difficulté d'affirmer ses choix, il s'agit de réaliser que des relations beaucoup plus positives existent. Testez, faites l'expérience sur le terrain ! Voyez comment les choses se passent, sans a priori. Cela risque de vous ouvrir d'autres horizons, plus riches et plus plaisants. Se laisser toucher par une évidence soudaine, un coup de foudre ou une idée lumineuse... Il s'agit de ne plus rester dans une demande non dite, mais de faire des choses pour vivre autrement.

L'art de contourner la tentation de l'indécision : le bénéfice secondaire, qui maintient dans l'indécision et le manque affectif, est de penser que cela nous évite de recevoir des blessures affectives supplémentaires. C'est une illusion. Osez expérimenter et osez faire des erreurs. Vous risquez surtout de bonnes surprises en vous montrant tel que vous êtes. Si vous ne savez pas ce que vous voulez vraiment, faites des tentatives concrètes. Vous tromper n'est pas grave, cela sert à vous apprendre des choses. Les erreurs font avancer !

L'exemple et sa résolution : le problème d'Aurélie est de rester attachée au jugement négatif et dévalorisant vis-à-vis de sa féminité que sa mère et sa sœur portent sur elle. Cela la conforte dans ses difficultés à vivre une relation amoureuse épanouie. Comment se détacher de ce regard porté sur elle ? La première étape est de prendre conscience qu'Aurélie a intériorisé cette dévalorisation. Elle l'a faite sienne. Mais alors elle a aussi le pouvoir de la transformer. Tout d'abord en prenant de la distance avec sa mère et sa sœur, afin de se retrouver elle-même. Aurélie pourra envisager de voir sa famille plus souvent quand elle aura fait un pas vers elle-même.

Ensuite, il s'agit pour Aurélie de remarquer comment les autres la perçoivent vraiment : cela risque d'être fort différent de l'image qu'elle a d'elle-même en tant que femme. Elle peut alors constater que, pour certains, elle est féminine à sa façon. Aurélie l'admet et peut désormais en faire l'expérience. Aussi bien des amies que des amis lui font comprendre qu'elle est une femme agréable et aimable (elle ne voulait pas le voir !). Aurélie a cherché à savoir l'effet qu'elle faisait aux autres sans idées préconçues. Cela l'a amenée à sortir davantage de chez elle.

Les rencontres qu'elle a faites ont été variées mais elle a constaté avec plaisir qu'elle était tout à fait capable de savoir si cela lui convenait ou pas. Cette attitude nouvelle lui a donné un sentiment de sécurité et de valeur d'elle-même.
C'est son changement de regard sur elle-même qui a apporté à Aurélie des ouvertures et des possibilités de rencontres qu'elle pensait jusqu'alors impossibles.

EN SYNTHÈSE

La souffrance affective et la difficulté du choix L'expérience, l'ouverture et les idées nouvelles

- L'Amoureux exprime la difficulté de choisir selon son cœur et la souffrance affective. Le manque de reconnaissance et d'amour entraîne un sentiment de dévalorisation personnelle. L'Amoureux reste irrésolu, tiraillé entre deux choix, il craint toujours de se tromper.
- Avec la Maison-Dieu, il s'agit d'oser faire des expériences et agir. C'est accepter de se tromper et constater que cela n'est pas si grave. Au contraire, on avance en tirant les leçons de ses tentatives. Ouvrir son esprit à des possibilités nouvelles est source de résultats et de plaisirs. En sortant des idées reçues, on peut réaliser des changements positifs et avoir plus de contacts avec l'extérieur. Il est essentiel de s'extirper de son carcan intérieur et d'aller voir comment cela se passe avec les autres. Les bonnes surprises seront souvent au rendez-vous. Avec la Maison-Dieu, on accepte d'ouvrir son esprit au changement et on va à la découverte des réalités de terrain sans a priori. Certaines situations nous obligent à nous dépasser nous-mêmes, pour notre plus grand bien.

LE CHARIOT & LE DIABLE

VII • LE CHARIOT

le moi fragile, avancer toujours seul

Le Chariot représente la dynamique personnelle, la confiance en soi, l'indépendance de pensée et d'action. C'est une image de réussite et de capacité de bouger et d'entraîner également les autres dans son sillage. Mais dans sa face négative, le Chariot exprime une personnalité fragile, peu sûre d'elle, qui a tendance à vouloir aller trop vite, de peur de ne pas parvenir à ses fins. Le Chariot veut tout faire tout seul, doutant que les autres veuillent ou puissent l'aider.

Son mantra : « Je dois tout faire tout seul, c'est épuisant et je risque de ne pas y arriver. »
L'injonction intérieure à dépasser : « Ne compte que sur toi-même ! »
Le complexe : ne pouvoir compter sur personne et devoir agir et gérer seul. Craindre de ne pas être capable et se précipiter de peur de ne pas y arriver.
La tentation : ne jamais rien demander aux autres. Se sentir peu sûr de soi.
L'exemple : Hervé est un homme de 50 ans qui a toujours travaillé en indépendant. Il a été représentant de commerce puis marchand sur des foires. Depuis peu, il se lance comme masseur et praticien en énergétique chinoise. Mais il a du mal à développer sa clientèle et ne parvient pas à vivre complètement de son activité. Il poursuit donc des remplacements

de vente sur les foires et salons. Hervé sait vendre des choses, mais il ne sait pas bien vendre sa pratique personnelle.

L'ombre 1, la plus proche du conscient : vous ne voulez pas demander d'aide aux autres car vous n'avez pas confiance en eux pour vous répondre positivement ou être à même de le faire.

L'ombre 2, la plus profonde : vous manquez de confiance en vous et vous n'osez pas vous mettre suffisamment en avant, vous pensez que c'est mal de montrer ses capacités et que demander est une faiblesse.

LA VOIE DE RÉSOLUTION AVEC L'ARCANE COMPLÉMENTAIRE

XV • LE DIABLE

Le Diable représente la capacité d'exprimer ses désirs et de montrer ce qui est caché dans les profondeurs de l'être. C'est Lucifer, le porteur de lumière, qui éclaire et fait comprendre ce qui se joue au fond de nous ou dans la face cachée des événements. C'est l'expression maîtrisée des instincts et des pulsions de vie.

Le mantra clé : « Je m'appuie sur mon ressenti profond et mes désirs pour exprimer ce que je veux et le formuler avec suffisamment de clarté et d'énergie. J'accepte les méandres de la réalité et je sais trouver les chemins complexes qui permettent d'aboutir à ce que je souhaite. »

L'injonction positive : « Donne-toi le droit de montrer ce que tu désires et exprime-le aux autres. » Lorsque l'on se met en accord avec ses pulsions et ses instincts, ce que l'on exprime prend une force qui va convaincre autrui de l'écouter et de le respecter. Même si les réponses à vos demandes profondes ne sont pas toujours positives, elles ne vous blesseront pas et vous respecteront. En vous donnant le droit de vous manifester, vous limitez toute manipulation ou prise de pouvoir à votre encontre.

Dépasser le complexe, la crainte que l'autre ne profite de vous si vous lui exprimez votre désir et votre besoin, c'est prendre conscience de la puissance que vous possédez et de votre capacité à défendre votre territoire. Cela permet de s'autoriser à manifester ce que l'on ressent, en ayant le sentiment que l'on a l'énergie suffisante pour repousser l'autre s'il cherche à nous entamer. On n'a plus alors à tout assumer seul, on peut demander de l'aide.
C'est aussi savoir rompre avec certaines attitudes et relations qui n'apportent plus rien de positif. Il faut pour cela comprendre ce qui se joue de façon souterraine dans une relation ou une situation. En sortant d'une vision exclusivement mentale et en écoutant son intuition et son instinct profond, on comprend autrement les choses.
Utiliser sa force intérieure et son pouvoir de persuasion pour montrer ses capacités permet de gagner en confiance en soi.
L'art de contourner la tentation de n'utiliser que sa tête pour se diriger : il s'agit de prendre conscience de la puissance contenue dans son corps et dans ses ressentis pulsionnels. Vos désirs sont des bons guides qu'il est possible de suivre tout en maîtrisant vos pulsions. La force du mental qui cherche à diriger tout en vous doit être contrebalancée par l'écoute de vos désirs. Il est possible de relier les deux si vous laissez de la place à vos instincts. Cela vous apporte une assise et un soutien internes plus grands, sources de confiance en soi. Rester dans sa tête pour se guider conduit à un déséquilibre et un doute sur sa confiance personnelle. Changer cette façon d'être est très profitable pour vous et vos résultats dans la vie.
L'exemple et sa résolution : Hervé sait bien vendre des choses, il l'a déjà prouvé. Pourquoi ne peut-il utiliser cette capacité pour sa nouvelle activité personnelle ? Parce que, dans ce domaine, il manque de confiance en lui. Plus cette activité de thérapie énergétique lui tient à cœur, plus il est fragile. Et c'est là que se font sentir les effets négatifs d'une éducation qui l'a dévalorisé et bridé. L'arcane le Diable incite à faire émerger le désir de couper avec cette éducation. Hervé peut se mettre à l'écoute de ses pulsions et de son désir de réussir dans ce domaine qui lui plaît.

Il s'agit pour lui de ressentir qu'il a la capacité de gagner de l'argent avec une activité qui lui apporte aussi du plaisir. Le travail ne peut pas être seulement un devoir. Il s'agit de dépasser la scission entre devoir défini par la tête et plaisir ressenti dans le corps. Cela est possible en considérant que le travail peut être un plaisir, ce n'est pas mal de voir les choses comme cela.
Hervé a travaillé sur sa culpabilité à ressentir du plaisir alors qu'il agit pour le bien des autres. Il a accepté l'idée que cela n'est pas incompatible et qu'il peut s'autoriser à vivre selon ses désirs.
À partir de là, Hervé a trouvé plus rapidement les moyens de se faire connaître et de développer sa clientèle. Il a notamment investi dans des salons, comme il sait le faire, mais cette fois pour son activité de thérapie énergétique. Et cela a fonctionné.

EN SYNTHÈSE

Le mental coupé du corps et le manque de confiance en soi
La puissance des désirs comme guide de vie

- Le Chariot exprime les souffrances de la personne dont le mental, seul maître à bord, guide les pas, sans tenir suffisamment compte de ses pulsions et de ses capacités. Cela est source d'épuisement et d'erreurs et alimente un manque de confiance en soi chronique.
- Avec l'arcane du Diable, il s'agit de laisser de la place au ressenti et aux instincts afin de leur donner la possibilité de nous conduire dans nos choix. Nous pouvons laisser derrière nous les conceptions erronées qui séparent la tête et le corps. Il est possible et souhaitable de relier nos désirs et notre façon de penser. L'esprit qui accorde du crédit aux ressentis profonds nous donne des voies d'action plus efficaces et plus en accord avec nous-mêmes. Cela est source d'une puissance plus grande. Tout comme cela

apporte une confiance en soi qui s'appuie sur une réalité ressentie. Avec l'arcane le Diable, on se met à l'écoute de ses désirs pour les entendre et trouver comment les mettre en œuvre de façon que cela ait un sens profond dans notre vie. Nous sommes aussi capables d'écarter et de maîtriser les désirs qui n'en ont pas. Savoir faire ce tri est source de confiance.

LA JUSTICE & TEMPÉRANCE

VIII • LA JUSTICE

le doute et la rigidité de pensée, le perfectionnisme

La Justice représente la capacité de prendre des décisions justes. C'est une image d'équilibre et d'harmonie. C'est la meilleure façon de remettre de l'ordre dans sa vie et de faire les choix les plus judicieux. Mais dans sa face négative, la Justice est en arrêt du fait d'une grande rigueur de pensée. Le perfectionnisme l'empêche de se déterminer, le doute est permanent. Elle hésite et tergiverse, recherchant la position absolue et idéale impossible à atteindre.

Son mantra : « Je ne parviens pas à choisir et à me décider, j'ai peur de me tromper. »
L'injonction intérieure à dépasser : « Sois parfait ! »
Le complexe : ne pas être capable de prendre la bonne décision. Plutôt ne pas bouger que de faire des erreurs. Une grande exigence à son propre égard, impossible à réaliser.
La tentation : rester en attente et dans le doute plutôt que risquer d'agir dans une mauvaise direction.
L'exemple : Stéphanie est une jeune infirmière qui rêve de se former à un métier de thérapeute. Cependant, elle ne parvient pas à se décider et à s'inscrire dans une formation. Elle hésite entre la sophrologie et l'hypnose et ne prend aucune décision. Elle reste dans l'expectative, craignant de ne pas choisir la bonne voie. Cette façon d'être se retrouve

chez elle dans d'autres domaines. Par exemple, elle ne parvient pas à se débarrasser d'un gros meuble encombrant et peu pratique de son salon, car elle n'a toujours pas choisi par quoi le remplacer, écumant depuis des mois les sites et les magasins de mobilier. Aucun de ces meubles n'étant assez parfait à ses yeux, elle reste avec son vieux buffet hideux et inadapté.

L'ombre 1, la plus proche du conscient : vous avez tendance à vous laisser gagner par un perfectionnisme qui vous entrave dans vos décisions et vos actions. Vous avez une forte exigence à votre propre égard.

L'ombre 2, la plus profonde : vous vous sentez sous la coupe permanente d'un surmoi strict et rigide qui vous maintient dans un mode de vie guidé uniquement par le devoir.

LA VOIE DE RÉSOLUTION AVEC L'ARCANE COMPLÉMENTAIRE

XIIII • TEMPÉRANCE

Tempérance représente la tolérance et l'agrément des relations sociales. C'est une image de souplesse et de recherche d'un consensus entre soi et les autres. C'est l'art de la diplomatie et de l'échange bienveillant. C'est aussi le sentiment d'être protégé par un bon ange.

Le mantra clé : « Je sais communiquer et trouver les valeurs d'échange qui permettent une relation continue et bienveillante avec les autres. Je mets en œuvre les compromis qui conviennent à chacun. »

L'injonction positive : « Accepte de relativiser et de trouver une position plus conciliante. » Il est essentiel de savoir faire des compromis sur ses façons de penser et d'être pour s'adapter aux situations sociales. Moins de rigueur et plus de souplesse améliorent les contacts. Cela détend l'atmosphère et rend plus agréable l'ambiance sociale ou familiale.

Dépasser le complexe : il s'agit de savoir être plus réaliste à l'égard de ses objectifs et de développer une certaine douceur. Il est possible d'être aimé en étant imparfait. Personne n'attend de vous une attitude parfaite. D'ailleurs, percevant votre exigence, les autres se sentent le devoir d'y répondre, ce qui les bloque à votre égard. Soyez plus souple, avec vous-même d'abord, acceptez vos fragilités et vos faiblesses, vous aurez la surprise de voir venir à vous des personnes plus attentives et chaleureuses.

Les contacts avec les autres vous interpellent et vous amènent à ressentir comment mieux harmoniser votre volonté et vos actions, votre façon de penser et vos sentiments. Les relations sociales sont un champ d'expérience pour vous réunifier.

L'art de contourner la tentation de la rigueur liée au sentiment du devoir à accomplir : vous avez besoin de vivre plus proche des autres. Ce sont ces contacts sociaux qui peuvent vous permettre de devenir plus diplomate. Soyez médiateur, prenez la position de l'intermédiaire qui fait circuler les informations. C'est en développant votre relationnel social et amical que vous trouverez le sentiment d'être épaulé et compris. C'est la meilleure façon de désamorcer votre tendance au perfectionnisme : en découvrant que les autres vous acceptent avec vos imperfections. Tournez-vous plus vers autrui, vous serez moins obsédé par la rigueur et la justesse à atteindre.

L'exemple et sa résolution : Stéphanie ne parvient pas à prendre de décisions, cherchant toujours le choix parfait, ce qui la bloque. Cette attitude lui offre le bénéfice secondaire de se sentir en sécurité tant qu'elle pense ne pas se tromper. Prendre une décision, pour Stéphanie, c'est courir le risque d'une erreur de décision, donc le risque de ne plus être parfaite.

Cela lui a rappelé des épisodes de son enfance : lorsqu'il désapprouvait les actes de sa mère (achats, sorties entre copines), son père entrait dans des colères violentes qui figeaient la fillette.

Aujourd'hui, Stéphanie n'a plus besoin de rester dans le statu quo. Elle est de taille à exprimer son accord ou son désaccord. Si elle choisit une formation et que cela ne lui plaît pas, elle ne risque pas une immense colère du formateur ou de la formatrice. Elle peut trouver une issue ou la négocier, sans violence. Elle peut alors se donner le droit de choisir et de se tromper. Cela ne prêtera pas à conséquence dramatique. Stéphanie comprend que ces événements de son enfance la figent dans sa vie. Elle n'est plus une fillette vulnérable, elle est capable de faire face aux situations. Cela l'a amenée à vérifier que ses relations avec autrui pouvaient être cordiales et que les désaccords pouvaient se régler à l'amiable. C'est ce qu'évoque l'arcane Tempérance, trouvant dans la pratique de la vie sociale la résolution des problèmes de l'arcane la Justice.

EN SYNTHÈSE :

Le choix impossible et l'attitude figée
Le relationnel bienveillant et l'art de négocier

- La Justice exprime la souffrance de rester dans la quête de la perfection par crainte de représailles terribles. Cette exigence de perfection se traduit par la difficulté à prendre des décisions de peur de se tromper. La personne se fige et reste bloquée dans une attitude rigide.
- Avec Tempérance, il s'agit de faire l'expérience de relations sociales ouvertes et bienveillantes. Les partis cherchent ensemble une conciliation. C'est une souplesse qui ouvre sur des solutions. Si elles ne sont pas parfaites, elles ont le mérite d'exister et peuvent être les meilleures à ce moment précis. Cela ne présume pas de la suite, qui peut évoluer. Rien n'est totalement définitif. Les positions d'échange et de tolérance permettent d'avancer dans une situation, tout en offrant un espace de bien-être et de chaleur humaine. Avec Tempérance, il existe une entente et un climat agréable entre les personnes. Loin d'être figée, la vie continue et suit son cours.

L'HERMITE & L'ARCANE SANS NOM

VIIII • L'HERMITE

l'isolement et l'obsession du détail

L'Hermite représente l'étude, l'art d'éclairer les situations et leur signification, dans le passé et le présent. C'est une image du thérapeute, celui ou celle qui comprend ce qui se joue en chacun et lui montre la route à suivre pour aller dans le sens de sa réalisation. Mais dans sa face négative, cet arcane exprime le sentiment de solitude, l'isolement volontaire et la recherche compulsive d'approfondissement, de détails. C'est une mentalisation excessive.

Son mantra : « Ma route est lente et solitaire mais je n'ai pas le choix, je dois me protéger des autres et agir seul. »
L'injonction intérieure à dépasser : « Tu n'as pas compris, cherche encore ! »
Le complexe : se sentir lent et solitaire, toujours chercher à comprendre ce qui se passe en soi-même. C'est le sentiment de ne jamais en savoir assez.
La tentation : se tourner toujours vers l'intérieur de soi-même et s'isoler des autres.
L'exemple : Charles est un jeune homme solitaire qui aimerait trouver une compagne mais ne parvient pas à faire le premier pas vers une femme. Il est très timide et trouve mille raisons de ne pas se manifester

à l'égard des femmes qui lui plaisent, à son travail ou ailleurs. Charles se réfugie dans ses pensées et son monde intérieur. Il étudie des sujets divers, notamment des ouvrages sur le développement personnel. Il reste solitaire et cherche en lui les solutions à son problème, sans que cela l'aide à aller vers les autres. Son travail d'informaticien lui convient très bien mais ne favorise pas son ouverture et les contacts sociaux.
L'ombre 1, la plus proche du conscient : vous avez tendance à vous replier sur vous pour chercher seul des solutions à vos problèmes. Vous restez trop dans votre mental.
L'ombre 2, la plus profonde : vous avez peur de vous confronter aux autres et vous vous isolez car vous voyez surtout en l'autre un danger pour vous.

LA VOIE DE RÉSOLUTION AVEC L'ARCANE COMPLÉMENTAIRE

XIII • L'ARCANE SANS NOM

L'Arcane sans nom représente la transformation, l'action d'aller de l'avant sans regarder en arrière, l'énergie vitale qui s'enracine et cultive son terrain personnel. Cet arcane n'a pas de nom et ne représente pas la mort. C'est une étape tirant un trait sur le passé, ouvrant une période nouvelle.
Le mantra clé : « Je me tourne vers l'extérieur et l'avenir, sans regarder toujours derrière moi, j'apporte une énergie nouvelle. Je m'ancre dans la matière et le concret pour agir et transformer les situations et éloigner les pensées négatives. »
L'injonction positive : « Fais un grand nettoyage psychologique et physique, c'est une bonne façon de démarrer sur des bases nouvelles solides, plein d'entrain. » La vie continue et les choses changent, car rien n'est immuable, tout se transforme. En étant actif dans ce processus de

transformation, on s'ouvre des perspectives nouvelles. Savoir se débarrasser de vieilles façons d'être et de penser est source de renouveau et de joie.

Dépasser le complexe : pour sortir de l'isolement que crée une introversion trop grande, il s'agit de se tourner vers le monde, de sortir du domaine de l'esprit et du mental, pour aller vers une action concrète. Accepter de tourner la page avec les histoires passées.

Il s'agit d'être plus en relation avec sa vie matérielle et de passer à l'action en faisant un grand tri. Les choses simples de l'existence sont porteuses de transformations profondes en soi. Faire le ménage dans ses placards apporte souvent des résultats psychologiques du même ordre.

Enfin, il s'agit de se sentir incarné et de s'enraciner dans sa réalité actuelle. Le changement à l'ordre du jour va venir par un travail qui requiert puissance et détermination. Ne plus rester dans la réflexion, mais agir de façon structurée et courageuse, voilà qui permet de se transformer.

L'art de contourner la tentation de toujours aller plus loin dans la quête mentale : il s'agit d'oser aller de l'avant, de montrer qui l'on est et ne plus se cacher derrière des mots. Ce qui nous semble le plus important doit nous guider dans notre action. Il n'est plus question d'aller chercher le détail. Avec l'Arcane sans nom, nécessité fait loi. Il est question d'aller à l'essentiel en laissant de côté l'accessoire. Il y a une sorte d'urgence à le faire ainsi, la nécessité appelle une action rapide.

L'exemple et sa résolution : Charles souhaite changer pour trouver une compagne avec qui il pourra partager son existence. Savoir qu'il craint le contact et la rencontre avec l'autre ne suffit pas, Charles a besoin d'une technique qui lui permette de vivre une autre expérience. Il a choisi un stage de reiki et s'est aussi inscrit à des séances collectives de sophrologie. Cette action résolue de sa part lui a permis d'entrer en relation avec des personnes nouvelles.

Au cours de ces stages, Charles a pu découvrir ses qualités. Cela lui a ouvert les portes d'une autre manière de communiquer avec l'autre. Il a créé un contact différent, actif, qui ne passe pas que par le mental. Cela l'a soulagé et lui a permis de contourner sa grande timidité. Charles ne

se demande plus s'il est suffisamment intelligent, il est passé dans un univers actif où ce complexe n'a pas sa place.
En osant changer radicalement sa façon d'agir, Charles a court-circuité son problème psychologique. Ce fut pour lui une libération. S'inscrire dans une démarche physique plutôt que mentale a été la clé. Il a ainsi pu entrer en contact avec des jeunes femmes et avoir de nouvelles relations. À l'image de l'Arcane sans nom, Charles a pu se transformer en se mettant en contact avec ses énergies physiques et ses désirs plus concrets.

EN SYNTHÈSE

Le repli sur soi et l'obsession mentale
L'action physique et la nécessité vitale

- L'Hermite exprime les souffrances d'une trop grande tendance à se tourner vers son monde intérieur et son passé. Cela crée un isolement et une mentalisation excessive, avec pour conséquences un manque de contacts, une difficulté à agir et un sentiment de solitude. Le passé reste chevillé au corps.
- Avec l'Arcane sans nom, il s'agit de passer à l'action pour sortir de son mental, s'ancrer dans la matière et se sentir incarné. C'est la libération d'une énergie de vie qui permet d'aller de l'avant et de transformer la réalité. On va ainsi à l'essentiel en laissant derrière soi les détails liés au passé qui entravent de développement de la personne.
  L'Arcane sans nom incite à opérer un tri, un ménage psychologique autant que concret qui libère. On se débarrasse de vieilles habitudes. Ici, l'objectif est d'aller à l'essentiel pour poursuivre et maintenir la vie et la vitalité. Les nécessités concrètes et premières font loi. Elles parviennent à nettoyer tout ce qui est accessoire et inutile. C'est la puissance de la libido, cette énergie vitale qui amène une transformation et ouvre la perspective d'une vie nouvelle.

LA ROUE DE FORTUNE & LE PENDU

X • LA ROUE DE FORTUNE

le questionnement sans fin, le fatalisme

La Roue de Fortune représente la capacité de prendre en main son destin, en intervenant sur les événements. C'est l'aptitude à s'adapter et à agir pour faire évoluer sa vie. Cette façon d'être active la chance et la bonne fortune. Mais dans son pôle négatif, l'arcane la Roue de Fortune exprime une attitude passive et fataliste face aux événements, ainsi qu'une tendance à se poser des questions qui tournent à vide et n'obtiennent pas de réponse.

Son mantra : « J'ai beau me questionner, je ne trouve pas de solution. La malchance me poursuit. »
L'injonction intérieure à dépasser : « Tu n'as pas de chance ! »
Le complexe : ne pas être capable de prendre en main sa destinée, se sentir le jouet des événements, se poser des questions sur l'attitude à avoir, le choix à faire ou l'action à mener, s'interroger sur le sens des choses sans trouver d'issue concrète à cette question.
La tentation : rester bloqué dans son mental avec des pensées obsédantes qui ne débouchent sur rien de tangible.
L'exemple : Marie-Pierre est une femme de 40 ans dont le mari l'a quittée. Elle se demande si celui-ci est toujours avec sa nouvelle compagne ou s'il repense à elle. Elle ne parvient ni à l'oublier, ni à le recontacter.

Elle tourne en rond avec, en tête, des tas de scénarios. Marie-Pierre se retrouve le jouet de ses idées qui tournent à l'obsession. De ce fait, elle n'est pas disponible pour une autre histoire et ne profite pas non plus de son célibat pour se retrouver. Marie-Pierre vit un enfer psychologique. Elle en veut à son mari de l'avoir trompée puis quittée, mais elle ne parvient pas à tourner la page et reste dans l'inaction.

L'ombre 1, la plus proche du conscient : vous avez tendance à laisser les événements guider votre vie, vous ne pensez pas être capable d'influer sur ce qui se déroule pour vous.

L'ombre 2, la plus profonde : vous ne parvenez pas à lâcher prise. Vous êtes obsédé par des idées qui vous maintiennent dans une forme d'inaction.

✦

LA VOIE DE RÉSOLUTION AVEC L'ARCANE COMPLÉMENTAIRE

✦

XII • LE PENDU

Le Pendu représente un lâcher-prise et une attitude empreinte de sagesse et de philosophie. C'est une façon de chercher à comprendre le sens profond d'une situation, au-delà des apparences. Le pendu ouvre un chemin hors des sentiers battus, sa façon de penser est toujours originale.

Le mantra clé : « Je lâche prise et je vois les choses autrement. » Un sens nouveau vous apparaîtra et vous ouvrira des horizons nouveaux, vous faisant gagner du temps. Prendre un moment pour interrompre le mental est propice à de belles découvertes.

L'injonction positive : « Écoute ton intuition, c'est un guide qui apporte des réponses. » À la différence du mental qui questionne sans apporter d'issues, l'intuition est là pour ouvrir un chemin qui guide vers une vision concrète des choses. Écouter son intuition est un moyen de sortir du cercle infernal de la pensée pour aller vers une compréhension de la signification d'une situation.

Dépasser le complexe : pour ne plus vous sentir impuissant face aux événements, ouvrez-vous à une autre vision des choses. Acceptez la situation, arrêtez de vous battre contre elle, mais trouvez comment la comprendre et la tourner à votre bénéfice.

Quand on ne se bat plus contre les choses mais que l'on cherche à les comprendre d'une autre façon, il se produit des changements importants. Il s'agit d'un lâcher-prise actif, au sens où il s'accompagne d'une réflexion féconde sur ce que l'on vit et ce que l'on peut abandonner au profit de ce qui est essentiel pour nous.

L'art de contourner la tentation du fatalisme : il s'agit de sortir du cercle infernal du questionnement intérieur. Pour cela, il est nécessaire d'utiliser une autre façon d'approcher la réalité. C'est le canal de l'intuition, et cette intuition prend diverses formes. Elle peut se manifester par des images intérieures qui s'imposent à nous, ou bien par des sensations dans le corps qui prennent une signification. Ou enfin par des idées qui nous traversent, mais, à la différence du mental, ces idées ne sont pas le fruit d'une réflexion, elles sont immédiates. Ce n'est plus une perception mentale mais une écoute d'informations subtiles.

L'intuition permet de voir les choses sous un autre angle. Savoir l'écouter devient une façon très efficace de se guider et de prendre des décisions.

L'exemple et sa résolution : Marie-Pierre retourne dans sa tête des scénarios variés à l'égard de son mari qui l'a quittée. Pour se libérer de cette angoisse mentale, elle prend la décision de lâcher prise et d'accepter la rupture. Son regard change, et elle réfléchit alors sur ce que cette rupture lui apporte. Son mari était dans le non-dit : cela faisait un moment que leur relation ne lui convenait plus tout à fait. Il n'a pas eu le courage d'aborder leurs problèmes de couple et a préféré la tromper plutôt que d'en discuter ouvertement. Grâce à cette découverte, Marie-Pierre sait désormais qu'elle ne veut pas d'une relation aussi peu confiante et ouverte. Elle souhaite un rapport juste et franc. Il lui devient clair que son mari n'a pas été l'homme qu'elle souhaitait. Son regard a changé sur le couple qu'elle formait avec lui, et sa vision de la rupture en a été transformée également.

Finalement, le départ de son mari est une libération. Marie-Pierre n'a plus cherché à s'intéresser à lui. Elle s'est attachée à rester dans son axe personnel afin d'envisager sa propre existence.
Cela est tout à fait l'image de l'arcane du Pendu, qui adopte une vision personnelle de ce que la vie lui apporte et de la manière de le prendre. Ce temps de réflexion lui permet de gagner du temps par la suite pour aller à l'essentiel.

EN SYNTHÈSE

Le mental obsédant et le sentiment de fatalité
L'ouverture de l'intuition et la voie personnelle

- La Roue de Fortune exprime la souffrance d'un mental qui se questionne sans cesse et tourne à vide sans apporter de solution. C'est le sentiment de ne pas parvenir à prendre en main son existence et d'être le jouet d'événements, le plus souvent malchanceux, qui ballotent la personne.
- Avec le Pendu, il s'agit d'écouter son intuition plutôt que son mental. Celle-ci offre une vision différente de la situation et permet de la comprendre sous un autre jour. C'est une voie personnelle et originale qui se construit grâce à un lâcher-prise à l'égard des pensées négatives. C'est une façon d'être plus philosophe, d'accepter la situation que l'on traverse, pour envisager des solutions diverses quand le questionnement mental maintient dans le refus de la réalité et ne conduit qu'à des blocages.
  Avec le Pendu, on prend le temps d'écouter et de comprendre le sens de ce qui nous arrive. Cela permet de se positionner autrement et d'envisager la suite d'une façon plus en accord avec soi-même.

LA FORCE & LE MAT

XI • LA FORCE

le conflit intérieur et extérieur, l'exigence excessive

La Force représente l'alliance de la volonté et des instincts. C'est une image d'énergie, de capacité à se donner des objectifs et de pouvoir les tenir jusqu'au bout. La Force représente le courage, la détermination. C'est aussi une image du couple. Dans sa face négative, elle illustre les conflits de toute nature. Des conflits internes à la personne, là où se jouent des contradictions qui empêchent d'agir et d'avancer. Des conflits externes, là où la personne se trouve en butte à des oppositions, de la part des autres comme des situations. La Force exprime aussi l'idée que la vie ne peut être qu'un combat, une lutte difficile à mener.

Son mantra : « La vie est dure car c'est une lutte permanente et je n'arriverai jamais à avoir ce que je veux. »
L'injonction intérieure à dépasser : « Tu ne fais pas assez d'efforts ! »
Le complexe : ne pas se sentir capable de répondre aux exigences que l'on s'est données. Ne jamais en faire assez.
La tentation : toujours se battre, être sur le pont et n'être jamais satisfait de soi.
L'exemple : Mauricio est un homme de 45 ans, responsable administratif dans une mutuelle. Le problème de Mauricio est de ne pas parvenir à vivre des relations aplanies et harmonieuses avec ses collègues, car il subit la pression et les directives éprouvantes de sa direction, qu'il doit,

à son tour, répercuter sur l'équipe qu'il dirige. Pris entre deux feux, Mauricio vit une sorte de guerre permanente avec le haut comme avec le bas. Sa position est infernale, mais Mauricio ne voit pas ce qu'il peut faire. Cette situation crée en lui le désir contradictoire de quitter cet emploi et d'y rester malgré tout, par sécurité.

L'ombre 1, la plus proche du conscient : vous avez tendance à vous donner des objectifs trop élevés et difficiles à atteindre. Cela vous occasionne une pression interne constante.

L'ombre 2, la plus profonde : vous avez peur de vos instincts et vous les empêchez de s'exprimer. Vous craignez d'être dépassé par vos propres désirs. Vous voulez trop maîtriser par peur de l'inconnu.

✦

LA VOIE DE RÉSOLUTION AVEC L'ARCANE COMPLÉMENTAIRE

✦

LE MAT

L'arcane le Mat, en 22e position, n'a pas de nombre. Il est le miroir de chaque arcane. Reflétant le nombre 11 de l'arcane la Force, il forme son complémentaire en totalisant 22.

Le Mat représente le parcours humain, le cheminement de l'existence, le fil du temps qui passe. C'est une image du voyageur dans sa dimension de découvreur, de pionnier, celui ou celle qui avance sans crainte vers l'inconnu. Le Mat symbolise la voie personnelle de chacun, emportant son expérience et son histoire vers un avenir qu'il ne perçoit pas encore. Mais il y va. C'est la route, la liberté et l'émancipation de ses chaînes.

Le mantra clé : « Libère-toi de ton passé, de tes habitudes et de tout ce qui crée des entraves à ton évolution. » Il est possible de s'éloigner des exigences mentales lorsque l'on ne cherche pas le résultat à tout prix mais que l'on considère que l'on est sur le chemin.

L'injonction positive : « L'essentiel est d'avancer à ton rythme et à ta façon. » Le plus important est sans doute de se mettre en mouvement et d'agir sans trop penser au but que l'on s'assigne. La recherche des résultats est contre-productive, car la pression qui l'accompagne est un frein à la réalisation. Le but est d'avancer plus librement.

Dépasser le complexe : il s'agit de découvrir que la démarche que l'on entreprend est plus importante que l'objectif que l'on s'est fixé. Tout peut évoluer, et c'est la beauté de l'existence. Ce qui compte, c'est de se mettre en route et de poursuivre son action, alors même que l'on ne connaît pas le résultat, voire même, parfois, vers quoi cela va mener.

Il faut apprendre à accepter l'incertitude de notre devenir, car, hormis notre fin, rien n'est certain. La route peut être belle et pleine de surprises. Il s'agit justement de ne pas chercher à tout maîtriser mais d'accepter de se laisser surprendre.

Vous ne faites pas seul ce chemin, car vous avez des compagnons pour vous guider : votre intuition sur laquelle vous pouvez vous appuyer, votre instinct qui peut vous pousser ou vous retenir, et votre expérience qui vous aide à avancer. Quant à votre esprit, tourné vers votre ciel intérieur, il peut capter les messages d'encouragement et de bienveillance.

L'art de contourner la tentation de la trop grande maîtrise : il s'agit de ne plus avoir peur de l'inconnu, de ne pas savoir ce qui va se dérouler demain. La trop grande maîtrise est un frein à l'évolution de la personne. Laissez entrer un peu de liberté dans votre existence. C'est un moyen plus efficace d'obtenir ce qui vous conviendra certainement au mieux et de le réaliser. Oser cheminer, sans avoir toujours à l'esprit le but de la route, apporte un souffle d'air à l'existence, qui fait taire le mental trop exigeant. Vous pouvez vous autoriser une part d'insouciance.

L'exemple et sa résolution : Mauricio, cet homme coincé entre sa hiérarchie et son équipe, réalise qu'il a deux façons de sortir de cette situation : soit trouver un autre poste (et c'est alors une démarche qui l'amène à prendre de nouveaux contacts), soit chercher à vivre autrement la position dans laquelle il se trouve, c'est-à-dire se libérer mentalement de la pression et avancer à sa mesure, sans chercher à obtenir à tout prix ce qui lui est demandé. Mauricio peut prendre autrement les consignes et les faire passer différemment également.

Mauricio a jugé qu'il était trop difficile et incertain de quitter son entreprise. Il a pris un rendez-vous avec sa direction des ressources humaines, et on lui a proposé un autre poste dans l'entreprise, dans un secteur en création, avec une équipe plus restreinte, qui s'est révélé plus en accord avec les souhaits de Mauricio.
Faire une démarche nouvelle a apporté une issue positive à la situation de Mauricio. C'est le risque qu'il a osé prendre et qui lui a amené un renouveau bienvenu et une libération. Mauricio a affronté la croyance selon laquelle il doit rester à sa place et assumer ses responsabilités. À l'image de l'arcane le Mat, il a pris le risque de braver les usages de son entreprise. Si cela n'avait pas fonctionné, Mauricio aurait toujours été libre de partir et de chercher ailleurs un poste de travail qui lui aurait mieux convenu.

EN SYNTHÈSE

Les pressions de la maîtrise et le rapport de force
La liberté et le chemin intérieur

- La Force exprime les souffrances liées aux objectifs trop élevés, qu'on les subisse ou que l'on se les fixe. C'est la pression exercée par la recherche d'une trop grande maîtrise sur les événements. La Force reflète les conflits internes à la personne ou les rapports de force externes.
- Avec le Mat, il s'agit de s'autoriser d'être plus libre et plus fidèle à soi-même. Le plus important devient de faire un cheminement qui corresponde à son évolution et ses choix personnels, plutôt que de rester dans une situation qui répond à une norme et qui est source de conflits. Le Mat privilégie son ressenti et son intuition pour aller de l'avant. Ce faisant, il se libère des contraintes liées aux exigences du mental. Le Mat ose prendre le risque d'aller sur

un chemin dont il ne connaît pas l'issue, il accepte de ne pas tout maîtriser. Il avance à son rythme et garde une liberté d'esprit. Il ne se tient pas grief des erreurs qu'il pourrait faire, l'essentiel reste qu'il continue d'avancer. Le Mat exprime la quête de chacun, sur un chemin qui lui est personnel.

LE PENDU & LA ROUE DE FORTUNE

XII • LE PENDU

la dépendance, le sentiment d'impuissance

Le Pendu représente l'art de se mettre à l'écoute de son intuition, de suivre une voie originale et personnelle, et de prendre le temps nécessaire pour saisir la signification de ce que l'on traverse. Mais dans sa face négative, le Pendu symbolise la perte de l'indépendance, les liens qui retiennent malgré soi aux autres ou aux situations. C'est le sentiment de ne pas pouvoir intervenir sur ce l'on vit et de devoir rester dans la dépendance d'une destinée.

Son mantra : « Je suis bloqué et je ne peux pas agir sur les événements ou sur ma vie en général. »

L'injonction intérieure à dépasser : « Tu ne peux rien faire, il faut subir et accepter ! »

Le complexe : ne pas se sentir capable d'intervenir sur sa situation. Penser que seuls les autres peuvent réaliser les changements nécessaires. Considérer que le destin est implacable.

La tentation : attendre que la situation se débloque d'elle-même ou que d'autres interviennent pour le faire.

L'exemple : Isabelle est une femme de 60 ans, enseignante, en congé longue durée, et qui aspire à prendre sa retraite. Mais elle n'a pas encore validé tous ses trimestres et elle doit reprendre son travail. Démotivée

mais résignée, elle ne s'occupe pas de sa future affectation, alors que cela l'engagera pour plusieurs années. Isabelle se sent impuissante face à sa situation, dont aucune issue ne lui paraît souhaitable.
L'ombre 1, la plus proche du conscient : vous avez tendance à attendre et à subir lorsqu'une situation est bloquée. Vous espérez l'aide des autres.
L'ombre 2, la plus profonde : vous envisagez la vie comme une destinée implacable sur laquelle vous ne pouvez rien. Ce fatalisme vous pousse à vous replier sur vous-même.

LA VOIE DE RÉSOLUTION AVEC L'ARCANE COMPLÉMENTAIRE

X • LA ROUE DE FORTUNE

La Roue de Fortune représente la capacité de prendre en main son existence, l'art de saisir les opportunités de la vie. C'est la roue des événements extérieurs qui apporte son lot de bon et de mauvais, mais dont nous pouvons chercher à tirer le meilleur.
Le mantra clé : « Je sais m'adapter et prendre le meilleur des événements, tourner une situation à mon avantage en gardant le sens des réalités et en réfléchissant à ce qui m'importe personnellement, pour agir dans ce sens. »
L'injonction positive : « Il est toujours possible d'intervenir sur une situation en se positionnant bien. » La clé est de comprendre dans quel sens les événements peuvent tourner. Savoir accompagner le mouvement, c'est d'abord accepter la réalité, ce qui permet d'orienter la vie au mieux.
Dépasser le complexe : il s'agit d'abord de sortir d'un point de vue figé pour aborder la réalité de façon plus ouverte et surtout plus pragmatique. La clé est de s'informer sur ce qui se passe. Poser les bonnes questions et chercher les réponses : cette attitude permet de se donner plus de pouvoir pour intervenir.

Chercher à prendre en main son existence est une façon positive d'envisager sa vie. Cela appelle des réactions positives de l'extérieur. La tendance à la passivité de l'arcane le Pendu s'inverse, et avec elle l'existence se met à tourner et à s'animer dans un sens actif. C'est le mystère de la vie qui se révèle alors. L'action appelle l'action, la détermination appelle les résultats positifs.
Sortir du sentiment d'impuissance et oser s'appuyer sur soi-même plutôt qu'attendre de l'autre une solution, telles sont les clés d'une évolution bénéfique. C'est ainsi que l'abondance peut venir à soi.
L'art de contourner la tentation de rester blotti dans son territoire : la véritable sécurité est de s'ancrer dans qui nous sommes, de découvrir et de développer son identité et quelle place prendre dans la réalité concrète et matérielle. S'ouvrir aux événements, plutôt que de s'enfermer dans sa coquille. Ce sont des événements pleins de richesse, sources de solutions et de nouveautés, qui vont se présenter à notre porte. Le tout est de rester centré sur ce que l'on est et ce que l'on souhaite.
Cette perspective d'obtenir la bonne fortune, faite de chance et de bienfaits, peut être un moteur pour sortir de ses habitudes et accepter de s'ouvrir aux autres.
L'exemple et sa résolution : Isabelle est vraiment coincée entre les nécessités de l'administration et son désir personnel. Elle ne veut pas reprendre un poste d'enseignante mais elle est obligée de retravailler. Isabelle a fini par sortir de son attitude fataliste : elle a pris rendez-vous avec son rectorat. Cette démarche a demandé à Isabelle de sortir de sa réserve et de son sentiment d'impuissance. Une fois le premier pas fait et la prise de contact effectuée, Isabelle a trouvé plus simple et facile de poursuivre son action. La décision d'entreprendre quelque chose lui a apporté de bonnes surprises : Isabelle a découvert qu'il lui était possible de demander un détachement dans un autre ministère. Cela lui permet de retravailler dans un domaine différent de l'éducation. Justement, la région recherche un cadre administratif pour diriger son service communication et formation. Isabelle a immédiatement postulé et obtenu ce poste.

La synchronicité ici à l'œuvre est très fréquente lorsque la personne se trouve en accord avec elle-même et qu'elle agit en prenant en considération les réalités extérieures tout en restant à l'écoute de ce qu'elle veut et peut faire. C'est l'image de l'arcane la Roue de Fortune qui illustre parfaitement ce phénomène de hasard qui prend un sens pour la personne qui le vit.

EN SYNTHÈSE :

Le sentiment d'impuissance et le repli sur soi
L'art de saisir les opportunités et de susciter la chance

- Le Pendu exprime la souffrance de ne pas se sentir capable d'intervenir sur les événements. Ce sentiment d'impuissance entraîne des blocages dans l'existence. Le repli sur soi s'en trouve accentué, tout comme la dépendance.
- Avec la Roue de Fortune, il s'agit de s'ouvrir au monde extérieur et de prendre en considération les événements. Cette façon plus réaliste et ouverte d'analyser les situations donne l'opportunité de saisir ce qui peut être bon et utile. C'est une façon de prendre en main son existence. C'est cette attitude qui appelle à soi les événements heureux et la prospérité. Faire tourner la roue de la vie dans le sens que l'on souhaite, en étant réaliste, ancré dans le concret et dans ses envies et besoins profonds, nous amène la bonne fortune. C'est une synchronicité porteuse de ce que l'on appelle la chance.

L'ARCANE SANS NOM & L'HERMITE

XIII • L'ARCANE SANS NOM

la violence - la difficulté de se transformer

L'Arcane sans nom représente l'art de se transformer, le fait de changer de position et de tourner le dos au passé pour avancer vers un renouveau. C'est une image d'énergie et de vitalité. Dans sa face négative, l'Arcane sans nom exprime la grande difficulté à tourner la page du passé, les réactions négatives et violentes vis-à-vis de soi-même, des situations et des personnes face au changement.

Son mantra : « Il est impossible de se libérer du passé, et cela crée en moi une certaine violence. »

L'injonction intérieure à dépasser : « Il faut toujours se défendre, rien n'est facile ! »

Le complexe : se sentir toujours obligé de combattre, faire preuve d'agressivité, sous peine d'être soi-même victime de l'autre.

La tentation : voir les autres comme un danger pour soi et se barricader dans une attitude fermée. Dire non à beaucoup de choses, davantage par principe que par véritable conviction.

L'exemple : Solène est une jeune femme de 30 ans qui, depuis peu, vit seule. Une fois de plus, elle a rompu avec son ami et lui a demandé de partir. C'est toujours la même chose : elle commence une relation avec enthousiasme mais, au premier accroc, elle ne supporte plus l'autre et met fin à la relation. Cette fois, après déjà plus de huit mois de vie commune, c'est parce que son ami lui avait caché qu'il voyait son ex-femme et sa petite fille issue de son premier mariage. L'intransigeance de Solène la condamne à rester seule.

L'ombre 1, la plus proche du conscient : vous avez tendance à vous montrer agressif ou à retourner l'agressivité contre vous-même, car vous voyez la vie comme un dur combat à mener.

L'ombre 2, la plus profonde : vous vous sabotez vous-même, car le changement vous fait peur. Vous ne parvenez pas à vous détacher du passé et à faire le deuil de certaines relations.

LA VOIE DE RÉSOLUTION AVEC L'ARCANE COMPLÉMENTAIRE

VIIII • L'HERMITE

L'Hermite représente une action patiente et profonde, une démarche d'étude de la réalité et de quête de compréhension. C'est une façon de regarder en soi-même pour mieux se comprendre et trouver les réponses appropriées aux situations que l'on vit.

Le mantra clé : « Je trouve en moi-même des moyens pour comprendre ce que je vis et me guider au mieux. Le temps et la réflexion apportent des solutions aux difficultés. »

L'injonction positive : « Tu as le temps de réfléchir à ce qu'il convient de faire. » Il s'agit de se donner le temps de réagir et de bien comprendre ce qui est en jeu à ce moment de sa vie. Cela permet de ne pas aller trop vite vers des solutions tranchées et inadaptées. C'est adopter une démarche plus posée qui va aussi constituer une protection pour soi-même.

Dépasser le complexe : l'objectif est de trouver en vous le calme et l'espace de réflexion qui vous manquent à l'extérieur. Il vous faut prendre conscience que vous pouvez compter sur vos propres qualités et sur

votre intelligence. Le temps est votre allié, sachez l'utiliser, ne vous précipitez pas dans vos actions, et surtout vos réactions. Réfléchir au lieu de réagir, c'est le credo pour trouver l'apaisement et mieux vivre.
Ce temps de réflexion peut s'appuyer sur l'expérience acquise et vous apporter une autre façon de voir les situations. C'est un recul qui vous protège des réactions trop violentes. Cela vous évitera de trancher dans le vif, de prendre des décisions précipitées. Peut-être aussi un moyen de faire durer vos relations ?
Analyser ce que l'on ressent et ce que l'on pense est un moyen d'éviter de dire immédiatement non, de refuser d'instinct. C'est le pouvoir de l'esprit sur la réactivité destructrice.
L'art de contourner la tentation du refus systématique : il s'agit de ne plus voir l'autre comme un danger. Pour cela, il est utile de prendre une juste distance avec ce qui se déroule et avec les relations aux autres. Cela passe par le fait de ne pas se dévoiler trop vite, de prendre le temps de la réflexion avant d'intervenir. Réagir à chaud, c'est être encore dans les problèmes, alors qu'il est nécessaire de garder la tête froide. Avec l'Hermite il est question de développer une démarche personnelle et de créer un espace indépendant qui constitue une protection. Le développement de son propre mode de penser est la clé pour sortir du négatif.
L'exemple et sa résolution : Solène souhaite pouvoir changer d'attitude car elle a bien compris qu'elle répétait toujours le même schéma avec ses compagnons. Elle a pris conscience qu'elle réagissait toujours à chaud et de façon brutale, car elle se sent tout de suite agressée. Elle décide donc de prendre le temps de la réflexion. Elle comprend alors pourquoi son ami craignait de lui exprimer son envie de voir sa fille et donc l'obligation de revoir son ex : c'était à cause d'elle et de ses attitudes trop radicales. Réagir de façon agressive permettait à Solène de reporter les torts sur l'autre et de garder une bonne opinion d'elle-même. Remettre en question son attitude n'allait pas la dévaloriser, bien au contraire : elle gagne en authenticité et en valeur à ses propres yeux. Cela aura un effet positif également sur l'autre, qui viendra plus facilement lui parler.

Solène réalise qu'elle peut transformer sa situation en comprenant mieux le sens de ce qui se passe en elle et dans sa relation à l'autre. Elle décide de formuler une requête auprès de son compagnon en s'expliquant et en prenant le temps de revenir sur la raison de cette dernière rupture. Cela a porté ses fruits, son ami a accepté de reprendre une vie commune. Solène a pris le parti de toujours réfléchir avant de prendre des décisions radicales.

EN SYNTHÈSE

La réaction négative et violente
La réflexion et le temps

- L'Arcane sans nom exprime les souffrances d'une brutalité à l'égard de soi et des autres, la tendance à refuser d'avancer et de se transformer, le lien aliénant au passé. C'est l'action de reporter contre soi une énergie qui devient agressivité au lieu d'être source de réalisation.
- Avec l'Hermite, il s'agit de prendre le temps pour réfléchir et comprendre, tout aussi bien ce qui se passe en soi-même que le sens d'une situation. On y gagne une position plus mesurée, une intelligence de la situation qui offre des solutions mieux adaptées. Avec son esprit, on peut appréhender l'enjeu d'une relation et ainsi prendre une position plus réaliste et juste. L'esprit devient un guide qui encadre les pulsions instinctives. L'action de penser permet d'orienter la personne. L'Hermite exprime une démarche où l'on accepte de prendre le temps nécessaire à une bonne compréhension. C'est une image de pensée humaniste qui repousse les pulsions négatives.

TEMPÉRANCE & LA JUSTICE

XIIII · TEMPÉRANCE

l'équivoque et la tiédeur - l'attitude de sauveur

Tempérance représente la sociabilité, les contacts amicaux et l'art de faire circuler les informations. C'est le sens du dialogue et de la diplomatie. Mais dans son pôle négatif, cet arcane évoque la difficulté à prendre position, l'éternelle hésitation entre deux visions des choses. Tempérance ne parvient pas à prendre parti et reste dans une tiédeur molle.

Son mantra : « Ne te fâche avec personne et reste en accord avec tout le monde. »
L'injonction intérieure à dépasser : « Surtout, pas de conflit ! »
Le complexe : ne pas créer de problème pour rester en bons termes avec tous ; ne pas mettre en avant d'opinion tranchée et soutenir chacun. Plutôt s'oublier que de s'opposer à l'autre.
La tentation : chercher à sauver l'autre de ses problèmes.
L'exemple : Nathalie est une femme de 50 ans très sollicitée par ses amies car elle est toujours prête à les aider et à les soutenir. Elle est littéralement accaparée par son entourage et n'a que très peu de temps pour elle, sans compter qu'elle a son travail et doit s'occuper de son mari et aussi très souvent de ses petits-enfants. Nathalie ne refuse jamais un service à quiconque. Par moments, elle se sent vidée. Mais il suffit qu'une amie l'appelle au secours pour qu'elle réponde. Lorsqu'elle tombe et se

casse le poignet, Nathalie se rend compte que la réciproque n'est pas du tout au rendez-vous.
L'ombre 1, la plus proche du conscient : vous avez tendance à renoncer à vos propres désirs pour satisfaire ceux de votre entourage. Vous cherchez le consensus à tout prix.
L'ombre 2, la plus profonde : vous êtes toujours à vouloir aider l'autre, même parfois au-delà de ses demandes. Vous prenez la position du sauveur à votre propre détriment.

LA VOIE DE RÉSOLUTION AVEC L'ARCANE COMPLÉMENTAIRE

VIII • LA JUSTICE

La Justice représente la capacité de juger de façon harmonieuse et équilibrée, de prendre des décisions justes. La Justice possède l'art de peser le pour et le contre et d'aller vers un avis qui tranche la situation de la meilleure manière possible.
Le mantra clé : « Il est possible de prendre le temps pour décider de la meilleure façon. » En faisant de son mieux, on peut rester juste avec soi-même comme avec les autres. Prendre une décision est une chose positive qui préserve un équilibre général.
L'injonction positive : « Sois juste et équilibré, tu resteras en accord avec l'harmonie générale. » Chercher la meilleure décision possible place la personne en correspondance avec la situation globale. Une décision, lorsqu'elle est juste, ne crée pas de rupture avec l'entourage. Au contraire, elle met un certain ordre dans les choses.
Dépasser le complexe : la difficulté de prendre position vient de la peur du conflit. Mais l'arcane la Justice n'en crée pas. Il permet de trouver une solution juste et source d'harmonie nouvelle. La Justice amène une résolution qui positionne chacun ou chaque chose à sa bonne place. Elle est source d'une remise en ordre. Elle le fait en séparant les éléments

pour mieux les distinguer et les comprendre afin de peser le fond de chaque chose.
Prendre une position et une décision deviennent envisageables lorsque la personne œuvre avec sa capacité d'analyse et se met à l'écoute de son intuition. Cette double compréhension des situations apporte une résolution plus équilibrée. Cet équilibre devient un déclencheur et un appui pour la prise de position.
Avec l'arcane la Justice, il devient possible de prendre une décision tout en restant en accord avec les autres.
L'art de contourner la tentation de se placer en sauveur pour se conforter dans sa valeur morale : la Justice va apporter une autre résolution au besoin de sentir quelqu'un de bien. C'est en cherchant la justesse dans ses prises de position et dans ses décisions que l'on peut se sentir en harmonie avec soi-même et les autres. Cette attitude vient désamorcer la tentation d'être un sauveur à l'égard d'autrui : il n'est plus nécessaire d'apporter systématiquement une aide à l'autre, mais il est toujours possible de le faire lorsque l'on trouve cela juste.
L'exemple et sa résolution : Nathalie s'est cassé un poignet et réalise avec étonnement et amertume que ses amies ne viennent pas l'aider, elle qui, d'ordinaire, est toujours à leur service. Nathalie réalise qu'elle devance très souvent les demandes de ses amies ou de son mari. Elle se met elle-même à leur service. Cela n'est ni bon ni juste, pour elle comme pour l'autre. Elle n'est pas leur ange gardien. En acceptant de réfléchir sur ses relations, pour prendre une position plus juste et équilibrée à l'égard d'elle-même, Nathalie a réalisé qu'elle ne tenait pas assez compte d'elle. Cela n'était pas juste. Rétablir un équilibre a consisté pour Nathalie à regarder plus objectivement qui de ses amies faisait un geste pour elle alors qu'elle se trouvait handicapée par sa blessure au poignet. Elle osa même solliciter de l'aide. Nathalie a pu réaliser qui lui était suffisamment attaché pour lui apporter aide ou soutien, et qui ne l'était pas. Cela lui a permis de faire un tri et de changer son attitude à l'égard de certains. L'arcane la Justice a aidé Nathalie à s'autoriser et à se sentir légitime d'apporter aide et soutien à certains mais pas à d'autres, et pas tout le temps.

EN SYNTHÈSE

L'oubli de soi et la peur du conflit
La prise de décision et l'harmonie juste

- Tempérance exprime l'incapacité de s'opposer à l'autre et les souffrances d'être constamment à son service, quitte à s'oublier soi-même. C'est l'attitude de celui qui cherche à sauver l'autre. Tentant d'éviter les conflits à tout prix, Tempérance apparaît indécis et sans autorité.
- Avec la Justice, il s'agit de prendre une décision et de trancher de façon juste et équitable. Cette attitude ramène ordre et équité dans les relations et les situations. Un équilibre s'établit entre ses propres positions et celles d'autrui. La Justice cherche l'attitude la plus juste et en harmonie avec soi-même et avec les autres. C'est en pesant le pour et le contre qu'elle parvient à décider. La Justice exerce son autorité de façon légitime, car elle s'appuie sur cet accord avec l'ordre des choses. Cette quête lui confère un pouvoir qui peut être reconnu par ses vertus morales. La Justice ramène calme et stabilité à la personne qui l'exerce, lui apportant une place respectée par les autres.

LE DIABLE
&
LE CHARIOT

XV • LE DIABLE

l'angoisse et les complications - les manipulations

Le Diable représente la capacité d'exprimer ses désirs, la manifestation de ses pulsions créatrices et la compréhension des choses cachées. Mais dans son pôle négatif, il porte les angoisses et le sentiment de la complexité inextricable des choses. Il évoque également toutes les manipulations que l'on peut faire ou que l'on peut subir.

Son mantra : « Tout est compliqué et source d'angoisse ou d'inquiétude, il est impossible d'échapper au mal. »
L'injonction intérieure : « Les autres ne te veulent pas du bien ! »
Le complexe : agir par derrière et de façon masquée par crainte de ne pas pouvoir exercer ses désirs. Ne pas parvenir à exprimer ses désirs et retourner contre soi cette énergie qui devient source d'angoisse.
La tentation : trouver toute situation très compliquée et se sentir assailli de sentiments complexes et négatifs qui perturbent la relation simple à la réalité.
L'exemple : Christian est un homme de 40 ans très angoissé, qui dort très mal et souffre de divers petits maux physiques. Il travaille dans une entreprise de transport logistique où il gère les approvisionnements. Son travail crée chez lui un stress permanent, alors même que sa direction est satisfaite de lui. Christian vit en couple, mais son état moral conduit souvent à des disputes familiales qui s'ajoutent à son stress professionnel.

Christian somatise mais refuse de prendre des arrêts maladie. Sa compagne est à deux doigts de le quitter. Christian se sent au pied du mur, il doit changer.
L'ombre 1, la plus proche du conscient : vous avez tendance à vous compliquer la vie et à vous angoisser. Vous voyez surtout le côté sombre des choses.
L'ombre 2, la plus profonde : vous vous interdisez de vivre selon vos désirs, vous les jugez mauvais et vous ne vous autorisez pas à exprimer ce qui vous anime profondément.

LA VOIE DE RÉSOLUTION AVEC L'ARCANE COMPLÉMENTAIRE

VII • LE CHARIOT

Le Chariot représente la dynamique et la réalisation personnelle. C'est un mouvement volontaire, source de réussite, qui met en œuvre l'esprit dirigeant les pulsions dans un bel accord. En réunissant tête et désirs, le Chariot aboutit à une belle confiance en soi.
Le mantra clé : « Je trouve l'accord entre ma volonté et mes désirs, mon esprit et mon corps. Je sais avancer avec confiance en m'appuyant sur mes moyens personnels. Je mets en œuvre ce que je veux. »
L'injonction positive : « Ose t'affirmer et entreprendre ce que tu souhaites, la réussite est possible. » Il s'agit de réaliser qu'il est possible d'entreprendre un chemin personnel qui soit en accord avec ses désirs. C'est en avançant que l'on peut prendre conscience qu'une telle voie est envisageable et peut même réussir.
Dépasser le complexe : Pour sortir d'une vision sombre de l'existence accompagnée de son lot d'angoisses, il faut entreprendre une action. L'autonomie libère des inquiétudes qui entravent la personne : savoir s'appuyer sur ses propres moyens, ses propres ressources pour agir,

acquérir cette indépendance et avancer permet de faire l'expérience d'une vision positive de l'existence.
Avec le Chariot, il est question d'un mouvement, d'une route à prendre. Bouger est curateur. Lorsque l'on entreprend une démarche, on met en route des énergies qui font reculer les ombres. S'affirmer met un arrêt à toute tentative de manipulation à son égard. L'expression directe de sa volonté et la mise en œuvre de celle-ci lui ouvrent des portes qui semblaient impossibles à ouvrir. Cela contribue à gagner en confiance en soi.

L'art de contourner la tentation de l'angoisse : pour simplifier la relation au réel, il faut d'agir davantage. Faire travailler et activer son esprit permet de ne pas rester dans une certaine souffrance. L'action et le souffle de la volonté viennent contrecarrer le monde souterrain des inquiétudes et des angoisses. Il s'agit de prendre conscience de ses capacités et d'oser les mettre en œuvre sans trop se poser de questions. C'est le cheminement lui-même qui va y répondre.

L'exemple et sa résolution : Christian se perd dans ses affres souterraines. Il se met la pression tout seul et stresse, alors que personne ne lui demande autant. Christian doit sortir de son habitude de se faire souffrir. Pour cela, il doit faire face au bénéfice secondaire qu'il tire de cette situation : rester dans une certaine dépendance à l'autre pour éviter le risque de s'affirmer seul. En effet, il a réalisé qu'il avait peur de se manifester et d'exprimer ouvertement une volonté et un désir autonomes. Ceci s'est révélé valable aussi bien dans son travail qu'avec sa compagne. Il cherche toujours à rester dans les désirs de l'autre en niant les siens lorsqu'ils sont différents.
Christian a travaillé pour se recentrer sur ses désirs. Il a notamment repéré qu'il souhaitait un travail moins sédentaire et qu'il aimait jouer au tennis. Il a entrepris des démarches pour répondre à ces deux objectifs. Même si le tennis ne plaît pas à sa compagne, celle-ci ne l'a pas du tout empêché de trouver des partenaires de jeu. Concernant le travail, le patron de Christian lui a proposé un poste qui lui permet un contact extérieur clientèle plus important.

Christian a été très étonné de ses résultats. Il ne pensait pas que, simplement en osant exprimer clairement ce qu'il voulait, il aurait gain de cause avec facilité. En lâchant ses habitudes torturées et en s'avançant de façon directe, Christian a vraiment fait un pas décisif dans son existence.

EN SYNTHÈSE

L'angoisse et la manipulation
L'affirmation personnelle et l'autonomie

- Le Diable exprime les souffrances d'une âme qui se torture et qui laisse prise aux manipulations extérieures. C'est la nature sombre de la personne qui prend le dessus, créant une atmosphère négative et une dépendance aux autres ou aux situations.
- Avec le Chariot, il s'agit d'acquérir une indépendance qui ouvre sur des actions personnelles. C'est une dynamique individuelle, dont le mouvement débute par une expression de la volonté s'appuyant sur les désirs de la personne. L'avancée que permet le Chariot amène une plus grande confiance en soi. Pouvoir se conduire et tracer sa voie de façon autonome et franche apporte beaucoup de plaisir. Cela ouvre sur des réussites. Le Chariot est une image de dynamisme et d'affirmation personnelle dont la justesse conduit à des succès dans l'existence.

LA MAISON-DIEU & L'AMOUREUX

XVI • LA MAISON-DIEU

la peur de l'imprévu - la crise émotionnelle

La Maison-Dieu représente une prise de conscience, une quête de la vérité et une recherche active de solutions concrètes. C'est une démarche scientifique qui renverse les idées reçues. Mais dans son pôle négatif, la Maison-Dieu exprime la crainte de se tromper, d'être mis en situation d'échec. C'est la crise de nerfs ou l'impossibilité de se contenir face aux difficultés. C'est aussi la peur de ce qui peut arriver de mal.

Son mantra : « Il peut toujours arriver quelque chose de mauvais qui pourrait détruire ce que l'on a construit dans sa vie. »
L'injonction intérieure à dépasser : « Méfie-toi de ce qui peut t'arriver ! »
Le complexe : la peur de se trouver dans une situation difficile, d'avoir à faire face à un accident, un échec, un événement imprévu désagréable. C'est l'idée que le mauvais peut toujours arriver.
La tentation : réagir de façon très émotive, faire des crises émotionnelles incontrôlables devant les difficultés ou les imprévus de l'existence.
L'exemple : Clémentine est une infirmière de 45 ans, mariée, mère de deux petites filles. Rentrant souvent fatiguée le soir, elle a du mal à supporter l'énergie de ses fillettes et, très souvent, elle explose. S'ensuit une crise avec son mari, qu'elle accuse de ne pas en faire assez, ou pire encore. Clémentine est malheureuse, car elle ne veut pas briser son couple. Mais la menace est grande tant qu'elle ne parvient pas à mieux

se contrôler. Elle regrette les mots violents qui lui viennent dans ces moments. Elle se demande comment elle pourrait mieux se contenir sans pour autant abdiquer.

L'ombre 1, la plus proche du conscient : vous avez tendance à ne pas pouvoir contenir vos émotions qui débordent et finissent par créer une crise. Vos paroles et vos attitudes dépassent vos intentions.

L'ombre 2, la plus profonde : vous avez peur de ce qui peut advenir et que vous ne maîtrisez pas. Vous craignez que le destin ne vous apporte une punition.

✦

LA VOIE DE RÉSOLUTION AVEC L'ARCANE COMPLÉMENTAIRE

✦

VI • L'AMOUREUX

L'Amoureux représente la relation proche et harmonieuse avec l'autre. C'est la compréhension mutuelle, l'art de se sentir en communion et de rechercher ce qui touche l'autre. C'est l'expression de ses sentiments, quels qu'ils soient, bons ou mauvais.

Le mantra clé : « Je trouve comment exprimer avec douceur ce que j'ai sur le cœur. » Rester proche de l'autre, c'est pouvoir dire ou montrer ce qu'on ressent, sans heurter sa sensibilité. Dans le sentiment qui s'exprime, on cherche le moyen de tenir compte de soi comme de l'autre.

L'injonction positive : « Exprime ce que tu ressens de façon que l'autre le comprenne. » Il est possible de prendre le temps de trouver les mots qui vont exprimer le ressenti dans l'objectif de rester proche et amical avec l'autre. C'est le contraire des mots cassants. Il s'agit d'oser dire, même le négatif, en pensant que l'autre peut le comprendre.

Dépasser le complexe : la clé de la résolution, c'est de faire fonctionner son esprit pour dire ce que l'on ressent. C'est aussi penser que l'autre est à même de comprendre ce que nous allons lui exprimer et que cela n'entraînera pas de rupture dans la relation. C'est aussi, de ce fait, penser que l'intelligence du cœur existe en chacun et qu'il est possible de faire appel à elle. C'est le moyen de ne plus avoir peur d'un imprévu insensé et hors de contrôle par définition. L'échange humain est aussi là pour rassurer. Croire à l'aide et au soutien que l'autre peut nous apporter, comme celle que nous pouvons lui donner, est source de bien-être et contrecarre les idées sombres et les peurs face à l'inconnu.

L'art de contourner la tentation de l'emportement émotionnel : la solution est la pensée sensible et humaniste. Le premier pas est d'être plus doux avec soi-même et de comprendre ses propres limites, afin de les exprimer et de les prendre en considération. Ainsi, on devient plus tolérant avec soi-même et on accepte mieux nos difficultés face aux épreuves, car on se perçoit dans son humanité. Le deuxième pas consiste à accepter de demander l'aide de l'autre et de ne pas s'enfermer dans un problème, source d'une crise interne ou externe. Faire une demande et partager ses émotions apportent un cadre protecteur qui crée une limite bienfaisante.

L'exemple et sa résolution : Clémentine réalise que, pour se contenir, elle doit d'abord accepter ses propres limites. En les exprimant avec sincérité à son mari, Clémentine a su instaurer un rapport différent. Ils ont décidé ensemble de réfléchir à la situation afin de la soulager. Cette discussion apaisée a porté ses fruits. Clémentine a exprimé son besoin d'être aidée dans ses tâches familiales. Son mari et elle ont pris la décision de chercher une baby-sitter qui ira chercher les enfants à l'école et suivra leurs devoirs ou leurs jeux trois jours par semaine.

Clémentine a accepté de sortir du bénéfice secondaire qui était de tout faire seule, d'assumer, et, ainsi, d'avoir le sentiment de maîtriser la situation, alors même qu'elle n'y parvenait pas. Elle a réalisé que c'était une certaine violence faite à elle-même. Les solutions sont apparues lorsque Clémentine a admis qu'elle pouvait se traiter avec plus de douceur et qu'il était acceptable de demander de l'aide. Car en fait, Caroline ne pensait pas possible d'obtenir de son mari une véritable écoute. Elle se croyait dans un isolement moral. Clémentine refusait de montrer ses faiblesses par crainte d'être blessée par l'attitude de l'autre. Ce fut tout le contraire.

Avec l'arcane l'Amoureux est apparue la possibilité de garder des liens proches avec l'autre et de se porter attention l'un à l'autre. L'Amoureux ouvre la possibilité de penser autrement, de chercher la conciliation et l'entraide plutôt que l'affrontement. Cette façon de réagir crée un cadre qui limite les emportements de l'émotion. C'est la victoire de la pensée du cœur sur les émotions pulsionnelles. L'Amoureux représente une véritable éthique de vie.

EN SYNTHÈSE

L'émotion incontrôlée et la peur de l'imprévu
L'intelligence du cœur et l'entraide

- La Maison-Dieu exprime les souffrances d'une émotivité mal contrôlée. Face aux imprévus de l'existence, incapable de gérer ses émotions, on est déstabilisé et on a peur de ne pas parvenir à traverser les épreuves de la vie.
- L'esprit conciliant et doux de l'Amoureux ouvre sur l'entraide réciproque. Il s'agit de développer une conception d'amour et de compréhension entre les êtres. Avoir conscience de ses limites, nourrir l'amour et unir son énergie à celle de l'autre ouvrent les portes de l'intelligence du cœur. L'Amoureux exprime la nécessité de s'allier et de s'entraider. Cette façon de penser place toutes les personnes à égalité sur le plan du sentiment. L'Amoureux développe une éthique humaniste qui donne un cadre sécurisant face aux événements de l'existence. L'expression de ses sentiments et le partage avec l'autre permettent de cadrer ses émotions et de gagner en sérénité.

L'ÉTOILE
&
LE PAPE

XVII • L'ÉTOILE

le fatalisme et la superstition

L'Étoile représente une foi dans l'avenir, un rapport simple et naturel à l'existence, le sens du beau et la recherche du bien-être, l'intuition et la sensibilité. Mais dans sa face négative, l'Étoile porte les problèmes liés à la superstition, au regard fataliste sur l'existence, et le sentiment d'impuissance. C'est une attitude de victime.

Son mantra : « Il est impossible de changer quoi que ce soit, je dois accepter les choses comme elles sont. »
L'injonction intérieure à dépasser : « Inutile de faire des efforts, cela ne sert à rien. »
Le complexe : ne pas se sentir capable de réagir face aux autres. Se mettre au service de l'autre sans limites. Rester dans une attitude de victime.
La tentation : rester dans une position de soumission et d'attente face au destin.
L'exemple : Louise a 35 ans, elle vit seule, travaille dans une grande société de distribution, au même poste depuis plus de cinq ans. Bien qu'elle s'ennuie un peu, Louise n'envisage pas d'évolution dans son travail, cela lui semble hors de sa portée. Dans sa vie privée, Louise a baissé les bras et n'espère plus une rencontre. Elle s'est également laissée aller sur le plan physique et a pris plus de dix kilos. Pourtant, elle a des idées

et elle aimerait reprendre une formation pour devenir esthéticienne. Mais là encore, elle n'entreprend rien. Elle n'arrive pas à croire en la possibilité de transformer sa vie. Elle pense que c'est ainsi, qu'elle doit juste accepter sa situation.
L'ombre 1, la plus proche du conscient : vous avez tendance à rester dans une acceptation fataliste des événements, ce qui se conjugue à une vision pessimiste et superstitieuse de l'avenir.
L'ombre 2, la plus profonde : vous n'écoutez pas votre instinct naturel, vous le considérez comme mauvais. Vous avez peur de vous montrer tel que vous êtes, par crainte du rejet des autres.

LA VOIE DE RÉSOLUTION AVEC L'ARCANE COMPLÉMENTAIRE

V • LE PAPE

Le Pape représente la reconnaissance de soi-même, le droit de vivre et d'être selon son tempérament et ses désirs. Cette acceptation profonde est un soutien psychologique, un guide pour vivre selon ses propres critères. Le Pape définit ses règles et s'autorise à vivre selon elles.
Le mantra clé : « Je mets en place mes conceptions morales et spirituelles et je me donne le droit de vivre selon celles-ci. Je profite du soutien et du conseil des personnes dont je reconnais le savoir et la bienveillance. »
L'injonction positive : « L'existence peut être bienveillante lorsque l'on se met en accord avec ses règles de vie. » Trouver en soi-même les conseils qui correspondent à nos capacités et nos attentes et agir selon ces règles, c'est une sagesse qui peut nous accompagner et nous rendre la vie plus douce.
Dépasser le complexe : en se donnant des règles de vie, on parvient à percevoir l'avenir au travers d'une organisation mentale structurante, qui protège des penchants irrationnels et sombres. Apprendre des choses nouvelles apporte une base plus stable et équilibrée à la personne. C'est

la mise en œuvre d'une pensée inspirée qui permet de sortir des superstitions et du fatalisme. Il s'agit de s'accorder à soi-même l'autorisation et du soutien pour ce que l'on souhaite réaliser. Cela s'accompagne d'une réflexion sur ce qui est bon et mauvais pour soi, ce que l'on considère comme bien et mal. Cela crée une échelle de valeurs protectrice, afin de ne plus se trouver en position vulnérable : définir ses propres valeurs pour s'appuyer sur elles est une façon de ne plus être fataliste et impuissant face au destin, mais d'agir en rapport avec son éthique.

L'art de contourner la tentation du fatalisme : il s'agit de se donner sa propre échelle de valeurs et de ne plus attendre de la destinée qu'elle nous la fournisse. En construisant son éthique et en allant chercher les apprentissages et conseils qui nous manquent, nous tissons notre chemin personnel, nous creusons notre sillon. Cela devient possible lorsque l'on abandonne l'idée de laisser faire la vie et d'accepter sans réflexion les événements et situations. C'est oser se donner une véritable reconnaissance à soi-même. Cela n'a plus rien à voir avec une destinée aveugle, c'est une voie de connaissance de soi et donc de réalisation.

L'exemple et sa résolution : Louise en a eu assez de laisser son existence aller à vau-l'eau, elle a donc décidé de se reprendre en main. Elle a commencé par aller chercher les conseils d'une nutritionniste qui l'a aidée à perdre du poids. Puis elle a trouvé une formation d'esthéticienne. Louise a lâché son mode de vie de victime, qui la confortait dans une certaine facilité. Elle s'est confrontée à certaines de ses habitudes pour les changer (nouvelles habitudes alimentaires, régularité dans l'apprentissage et ténacité, pour garder le rythme acquis dans ces deux domaines). Louise a beaucoup changé. En peu de temps elle est passée d'une personne passive et dépendante à une jeune femme entreprenante et fière d'elle-même. Cette transformation a été rendue possible par son changement d'attitude et sa décision de se donner à elle-même les moyens de ce qu'elle souhaitait. Louise a cessé d'attendre que le destin lui accorde l'autorisation d'avoir la vie qu'elle souhaitait. Elle s'est octroyé ce droit et s'est soutenue elle-même pour y parvenir. Cette dynamique nouvelle a également apporté à Louise le désir d'être plus active pour vivre des rencontres affectives. Nul doute qu'elle y parviendra.

Avec l'arcane le Pape, Louise s'est donné l'autorisation d'écouter un désir profond et de rechercher les moyens les plus adaptés pour y parvenir. Elle a accepté de ne plus attendre de l'autre ou de la vie les solutions qu'elle espérait.

EN SYNTHÈSE

Le fatalisme et la servilité
L'apprentissage et l'éthique personnelle

- L'Étoile exprime les souffrances liées au sentiment d'impuissance face aux événements, à la croyance qu'il ne faut pas interférer sur le cours de la vie. Cette attitude confine la personne dans une position de service et très souvent de victime.
- Avec l'arcane le Pape, il s'agit de se donner à soi-même l'autorisation de bâtir sa vie comme on le souhaite. C'est définir ses propres règles d'existence et agir en accord avec elles. Cette attitude donne un pouvoir sur son existence, que l'on peut diriger plutôt que de laisser faire la vie. Le hasard n'en est plus totalement un, car il va répondre aux orientations que l'on s'est données. Le Pape exprime la capacité de se donner des conseils ou d'aller les chercher chez les personnes compétentes. C'est reconnaître qu'il existe pour chacun une échelle de valeurs qui ordonne et structure la vie, et qui constitue un cadre bienveillant permettant de se sentir soutenu. Elle forme pour la personne un choix éthique et spirituel.

LA LUNE & L'EMPEREUR

XVIII • LA LUNE

les peurs et les mensonges - l'imagination morbide

La Lune représente le monde précieux et intuitif de l'imaginaire, la sensibilité et les capacités artistiques, mais aussi l'art de l'accueil et la bonne gestion financière. Mais dans son pôle négatif, elle entraîne dans le monde des illusions, des peurs et des souffrances. C'est se faire une vision imaginaire et souvent dramatique de la réalité, c'est rester dans une position floue et mensongère vis-à-vis de soi-même.

Son mantra : « Rien n'est clair et j'ai peur de ce qui peut advenir, je ne parviens pas à me décider et à agir. »

L'injonction intérieure à dépasser : « Tout est compliqué, impossible de s'en sortir ! »

Le complexe : ne pas savoir démêler le vrai du faux, se perdre dans des imaginations et des détails, rester dans un univers de peurs et de souffrances.

La tentation : changer sans arrêt de point de vue et ne plus savoir quoi penser. Avoir une vue très pessimiste et triste des réalités.

L'exemple : Robert a 50 ans, il est divorcé depuis plus de dix ans. Après quelques courtes aventures, il s'est construit une image très négative de la femme, qu'il considère comme peu fiable et fuyante. Malgré cela, Robert cherche toujours à trouver son âme sœur. Il s'interroge alors sur sa relation difficile avec sa mère, car l'image que Robert en a gardée est celle d'une femme fantasque, d'une mère peu aimante et très égocentrique. Robert aimerait aujourd'hui évoluer et se détacher de l'impact de cette relation maternelle sur lui.

L'ombre 1, la plus proche du conscient : vous avez tendance à avoir de la réalité une vision sombre et compliquée. Cela vous entrave dans vos actions et vos décisions.

L'ombre 2, la plus profonde : l'influence du passé vous retient dans ses rets. Vous ne vous sentez pas libre de vos mouvements car retenu dans les filets d'histoires complexes. Il y a une tristesse non résolue en vous.

✦

LA VOIE DE RÉSOLUTION AVEC L'ARCANE COMPLÉMENTAIRE

✦

IIII • L'EMPEREUR

L'Empereur représente la mise en œuvre d'un cadre concret dans son existence, c'est la défense de son territoire, le fait d'agir en accord avec ses capacités et de faire régner un certain ordre. L'Empereur possède un charisme, un pouvoir sur les choses matérielles et un sens aigu des responsabilités. Il est actif et bienveillant.

Le mantra clé : « La mise en œuvre de l'action concrète apporte des solutions aux problèmes psychologiques, la réalisation dans le présent résout les questions du passé qui entravent mon développement. »

L'injonction positive : « Donne-toi un cadre concret pour agir de façon rationnelle et logique. » La raison peut l'emporter sur les imaginations morbides, car elle s'appuie sur une réalité présente et, par la suite, prouve sa validité par les résultats positifs de l'action. Il s'agit de considérer la réalité de façon logique et concrète au travers d'effets tangibles.

Dépasser le complexe : sortir du flou ou des imaginations passe par une relecture des situations vécues à l'aune d'un cadre et de la rationalité. Il s'agit de revenir aux bases matérielles, à la réalité concrète, et de mettre en œuvre une protection de son territoire personnel. Par exemple, mieux

définir les contours de son poste de travail, de ses missions, de ses responsabilités, permet de les faire respecter quand le flou et les non-dits sont source de conflit et de malentendus. Ceci est aussi valable sur le plan privé, où il est nécessaire de mettre des limites claires aux relations, par exemple avec un frère, une sœur, un parent, afin de pouvoir vivre dans un espace personnel.
C'est s'accorder le droit de prendre position et d'affirmer ce que l'on veut afin de pouvoir agir dans ce cadre déterminé. Cela suppose d'assumer sa position, et surtout de rester rationnel, de ne pas se perdre dans des suppositions mais de garder un contact direct et concret à la réalité. Le fait d'agir permet de sortir des souffrances : l'action ancre dans la réalité présente et éloigne les fantômes du passé.
L'art de contourner la tentation des suppositions négatives : le changement incessant de point de vue permet de se dérober devant ses responsabilités. Or c'est de celles-ci qu'il est question. Assumer ses choix et ses positions est une clé de réussite et un gage de bonheur. Prendre ses responsabilités, c'est répondre devant soi et les autres de ce que l'on est, de ce que l'on fait. Cela permet de se mettre en accord avec soi-même. En faisant face, on trouve un apaisement. On découvre que l'on possède un pouvoir qui apporte la satisfaction d'être quelqu'un de bien, faisant de belles actions. L'arcane l'Empereur est une image de ce pouvoir sur soi-même, grâce à une attitude directe et carrée. Cela induit, naturellement, d'avoir un pouvoir sur les situations que l'on traverse.
L'exemple et sa résolution : Robert ne parvient pas à mettre en place une bonne relation avec les femmes. Il tourne trop d'histoires dans sa tête et cela le freine dans ses contacts. Robert réalise qu'il n'a jamais donné un cadre et un objectif précis à sa recherche. Il a laissé les choses venir. Robert prend alors la décision d'agir et d'aller dans un cours de tango, car il adore danser. Non seulement cela lui a permis de faire une activité qui lui plaît et qu'il n'avait jamais osé faire, mais en plus cela l'a mis en relation avec des femmes qui aiment la danse comme lui. Cette action l'a sorti de ses ruminations mentales.
Le déclic pour Robert fut de réaliser qu'il restait dépendant de l'image de sa mère et qu'il reproduisait des rencontres avec des femmes qui

ne le prenaient pas en considération. Cela nourrissait ses conceptions négatives. Dès qu'il eut décidé de ne plus rester dans ses humeurs maussades mais de se donner des moyens concrets d'agir pour avoir des relations différentes, Robert s'est pris en considération et, dans ce cadre, il a pu rencontrer des femmes différentes. Il a compris qu'en agissant en accord avec lui-même, il créait les conditions d'une meilleure rencontre. L'arcane l'Empereur règne sur son territoire, c'est-à-dire qu'il s'installe et agit dans un cadre qui lui correspond et lui convient. C'est la clé pour sortir des peurs, des souffrances et des illusions.

EN SYNTHÈSE

Les illusions et les souffrances
Le pouvoir d'agir et la logique réaliste

- La Lune représente les souffrances du monde des illusions, des peurs et des imaginations morbides. C'est un univers trouble, changeant, qui crée une humeur maussade et de la peine. La Lune représente les visions trompeuses de la réalité qui égarent et peuvent retenir dans les images du passé.
- Avec l'Empereur, il s'agit de mettre en place une façon de penser logique et rationnelle qui s'appuie sur les données concrètes des situations. L'Empereur regarde le monde comme il se manifeste extérieurement. Il en tire des enseignements pour asseoir son attitude et son action. L'Empereur analyse ce qu'il voit et se sert de cette analyse pour agir. Cette façon de penser éloigne les imaginations fantaisistes. L'Empereur définit son territoire et le protège. Il s'impose dans ce cadre. Il a le sentiment d'avoir droit au respect. L'Empereur agit pour maintenir celui-ci, si cela s'avère nécessaire. Il sait se protéger lui-même, il n'attend pas cela des autres. C'est une façon d'assumer ses responsabilités à l'égard de soi-même.

LE SOLEIL & L'IMPÉRATRICE

XVIIII • LE SOLEIL

le pouvoir abusif - la soumission au collectif

Le Soleil représente le droit à sa place dans la société, le charisme, le rayonnement personnel et social, la maîtrise des activités collectives, l'entraide, l'esprit humaniste. Mais dans son pôle négatif, il exprime les abus de pouvoir et le fait de se sentir écrasé par la hiérarchie, des règles sociales ou des personnes dominantes. Il exprime le sentiment de ne pas être à sa place.

Son mantra : « Je ne me sens pas à ma place, je subis le joug des règles sociales qui m'empêchent de m'épanouir. »
L'injonction intérieure à dépasser : « Reste dans l'ombre, ne te fais pas remarquer ! »
Le complexe : la société ne peut rien apporter de bon, il vaut mieux se faire petit dans son coin. Hiérarchie rime avec pouvoir abusif, il n'y a pas d'esprit d'entraide possible. Il faut se préserver du monde social et collectif.
La tentation : rester à l'écart du collectif, ne pas se mêler aux autres, et donc ne pas prendre une place pleine et entière dans la société ou le groupe.
L'exemple : Guillaume est un jeune homme de 30 ans qui travaille comme technicien son dans une grande société d'audiovisuel. Il aime son métier mais ne parvient pas à s'entendre avec sa hiérarchie. Cela

lui porte préjudice dans sa carrière. Il est moins souvent demandé que d'autres et végète à une place subalterne. Guillaume a tendance à se replier sur lui-même, il ne participe que très peu aux divers événements de la vie d'entreprise. En fait, il est souvent en désaccord avec les axes pris par ses responsables de plateau mais il ne l'exprime pas. De ce fait, il s'isole et ne se sent jamais à sa place, ni reconnu dans son travail.
L'ombre 1, la plus proche du conscient : vous avez tendance à vous replier sur vous-même et ne pas trouver votre juste place sociale. Vous n'êtes pas à l'aise dans un groupe.
L'ombre 2, la plus profonde : vous ressentez les positions de pouvoir comme trop directives et écrasantes. Cela vous empêche de prendre votre propre pouvoir.

LA VOIE DE RÉSOLUTION AVEC L'ARCANE COMPLÉMENTAIRE

III • L'IMPÉRATRICE

L'Impératrice représente la capacité à exprimer ce qui nous tient à cœur et ce que nous pensons ou projetons pour l'avenir. C'est une voix qui fait autorité, car elle s'appuie sur de solides bases et sait formuler clairement ce qu'elle a à dire. L'Impératrice possède le pouvoir de la parole et de l'écrit.
Le mantra clé : « J'ose exprimer haut et fort mes idées, je possède les qualités pour cela et mes paroles seront entendues. Communiquer avec les autres est une clé pour trouver ma place et être reconnu pour ce que je suis. »
L'injonction positive : « Prends conscience de ta capacité à t'exprimer, et fais-en l'expérience. » Utiliser l'expression résout de facto le problème de la place sociale. Lorsque l'on s'exprime, on prend de façon directe et naturelle une place auprès des autres. Oser dire les choses permet

d'éclaircir les relations et d'améliorer les contacts, qui deviendront alors peut-être plus chaleureux.
Dépasser le complexe : penser que l'on doit subir une situation sans pouvoir s'exprimer est une idée fausse que l'on peut transformer simplement en faisant l'expérience de parler aux autres. C'est en prenant la décision de s'exprimer que les quiproquos et les situations bloquées peuvent changer, parfois du tout au tout. Il n'y a pas de pouvoir absolu qui vous barre la route. La communication entre les personnes ouvre la voie de l'entraide et de la compréhension.
En s'exprimant, on peut prendre sa place et se faire respecter dans un groupe ou une collectivité. Pour cela, il est bon de trouver la façon de livrer à chacun ce que l'on souhaite dire. Dans l'art de la communication, il s'agit également de tenir compte de l'autre pour se faire comprendre.
L'art de contourner la tentation du repli sur soi face au collectif : la crainte d'être dépassé ou envahi par le groupe familial ou social peut trouver une solution lorsque l'on cherche ce que l'on a vraiment à exprimer de soi-même. C'est le pôle créatif en soi qui peut devenir un guide pour communiquer avec les autres. Car la créativité ouvre des voies nouvelles et révèle la personne sous un angle différent, elle donne un pouvoir nouveau et une place que les autres vont respecter. De cette façon, il n'est plus nécessaire de se mettre en retrait du monde. Il s'agit pour chacun de trouver son mode d'expression le plus efficace. Pour certains, c'est la parole, pour d'autre l'écrit ou l'image, et pour d'autres encore des formes concrètes différentes.
L'exemple et sa résolution : Guillaume s'est rendu compte qu'il n'exprimait jamais son ressenti dans son travail. Il laissait toujours les autres prendre la direction des opérations. Un jour, il prend le risque de s'exprimer et de faire valoir sa vision du travail en cours. À sa grande surprise, son directeur de plateau l'a écouté et a pris en considération son point de vue. Cela fut très facile. Guillaume a été très étonné qu'il ne lui tienne pas rigueur d'avoir exprimé un avis différent du sien. Il s'est senti autorisé à continuer dans cette voie et à dire, à chaque fois que nécessaire, ce qu'il pensait. L'étape suivante pour Guillaume a été d'apprendre à exprimer aussi son accord complet avec les directives données.

Cette façon d'être si différente lui a apporté un retour bienveillant de sa direction, qui s'est mis à le voir d'une autre manière.
Un esprit de coopération nouveau s'est mis en place. La communication une fois rétablie, Guillaume a pu bénéficier de meilleures conditions de travail. Il a su se montrer créatif dans sa façon de travailler, et cela fut perçu et reconnu par les autres. Les relations entre Guillaume et sa direction ont changé. Il a commencé à être plus apprécié dans son travail. Avec l'arcane l'Impératrice, oser dire les choses est un moyen de transformer positivement les situations. Même en cas de désaccord, la personne conserve sa place et garde le sentiment de son individualité parmi les autres. Elle ne disparaît plus.

EN SYNTHÈSE

La collectivité et le pouvoir écrasants
L'individu créatif et l'art de communiquer

- Le Soleil exprime les souffrances de celui qui a le sentiment d'être écrasé par la société ou le groupe familial. C'est la difficulté à trouver sa place, l'impression de ne pas être vu ou reconnu pour ce que l'on est.
- Avec l'Impératrice, on cherche à exprimer ce qui nous est personnel et unique. Communiquer nos pensées et nos sentiments nous font mieux connaître des autres, qui peuvent alors nous apprécier. Le contact et l'ouverture aux autres sont les moyens de se faire une place dans la société. Chaque personne a une façon particulière d'être et de s'exprimer. C'est par ce moyen que les autres peuvent l'appréhender et reconnaître ses qualités. L'art de communiquer, l'échange entre les êtres, amènent les uns et les autres à se respecter. L'Impératrice exprime cette capacité qui existe en chacun de formuler ce qui le définit en tant qu'individu. Cela constitue un pouvoir qui lui donne sa place particulière dans le monde.

LE JUGEMENT & LA PAPESSE

XX • LE JUGEMENT

la culpabilité - le regard de l'autre

Le Jugement représente les différents domaines de l'esprit : l'intuition, l'idée nouvelle, l'humour, ainsi que tous les aspects du renouveau et de la reconnaissance publique. Mais dans son pôle négatif, il porte l'absence de reconnaissance et le jugement sévère porté sur soi-même ou sur les autres. Cela se traduit par le sentiment de ne pas pouvoir pardonner à soi-même ni aux autres et par la culpabilité.

Son mantra : « Je ne suis pas reconnu et je sens un jugement négatif en moi et sur moi. »
L'injonction intérieure à dépasser : « Fais attention, tu ne vas pas y arriver ! »
Le complexe : ne pas se sentir capable de s'élever, se sentir jugé en permanence et, de ce fait, ne pas être libre de ses mouvements, ce qui rend l'évolution difficile.
La tentation : en vouloir aux autres comme à soi-même de ses difficultés.
L'exemple : Leila, une jeune femme de 30 ans, n'est pas à l'aise dans sa vie conjugale. Elle en veut à sa mère de lui avoir transmis un modèle de femme soumise, au service de l'homme. Pour autant, elle ne parvient pas à trouver sa propre façon d'être et oscille entre des positions excessives dans un sens comme dans l'autre. Leila porte un jugement sévère sur sa mère comme sur elle-même. Elle culpabilise de son attitude à l'égard de son compagnon, qu'elle malmène parfois, et à d'autres moments, elle

se trouve dominée par lui. Leila aspire à un renouveau difficile à établir. Elle cherche comment être une femme nouvelle.
L'ombre 1, la plus proche du conscient : vous avez tendance à vous sentir jugé, et cela vous bloque. Vous ne parvenez pas à aller vers une situation ou une attitude nouvelle.
L'ombre 2, la plus profonde : vous sentez un grand besoin de reconnaissance que vous n'obtenez pas. Vous n'écoutez pas votre intuition et vous cherchez hors de vous ce qui peut vous guider.

LA VOIE DE RÉSOLUTION AVEC L'ARCANE COMPLÉMENTAIRE

II • LA PAPESSE

La Papesse représente la sérénité, la sagesse et le savoir qui rassurent et permettent de se sentir bien à sa place et bien avec soi-même. La Papesse exprime la force tranquille, ancrée dans son incarnation. Elle s'appuie sur ses connaissances et son ressenti intuitif pour montrer le chemin juste.
Le mantra clé : « Je ressens ce qui est juste et sage pour me positionner dans l'existence et aider les autres à trouver leur chemin. Je prends soin de moi-même et d'autrui en lui montrant comment vivre les plaisirs de l'existence en accord avec un esprit élevé. »
L'injonction positive : « Écoute ton ressenti et prends le temps de le comprendre, il est capable de te guider calmement. » Il n'est pas nécessaire de céder à la pression, d'aller vite et de répondre immédiatement à toutes les situations. Il est souvent possible de prendre le temps de ressentir ce que l'on veut vraiment, afin de s'y conformer et ainsi d'être en accord avec soi-même.
Dépasser le complexe : il s'agit de s'appuyer sur soi-même plutôt que d'écouter les autres. C'est faire confiance à son propre ressenti, à son propre vécu, sans chercher toujours à l'extérieur les réponses à ses

questions. Pas question de se bousculer, on prend le temps nécessaire pour avoir une vision plus personnelle de ce que l'on vit. En soi, il existe un guide qui est capable de nous envoyer les bons messages.
C'est en écoutant son corps, véritable source d'intuition, que l'on peut trouver une base solide, de nature à contrecarrer les égarements de l'esprit. Cela apporte un sentiment de confiance et une stabilité (quand l'esprit, volatile, perturbe en permanence).
La Papesse apporte cette sérénité qui permet de se retrouver soi-même et de ne plus se sentir divisé entre sa tête et son corps.
L'art de contourner la tentation de se juger et de se sentir coupable : en prenant le temps d'une réflexion calme, en écoutant ses ressentis profonds, en cherchant à comprendre et en puisant dans les connaissances acquises, il devient possible de ne plus céder à l'agressivité et au sentiment de culpabilité. Avec la Papesse, il est question de s'appuyer sur un savoir solide qui s'ancre dans les réalités concrètes et dans les conceptions qui nous habitent. C'est une alliance de l'éthique et de la façon de vivre cette éthique. C'est trouver comment incarner concrètement ce à quoi notre esprit aspire. Il est ici question d'une mise en œuvre concrète des grandes idées, qui requiert un bon sens des réalités et de ses limites.
L'exemple et sa résolution : Leila se demande comment franchir le fossé entre ce à quoi elle aspire et sa réalité concrète de femme et de compagne. Elle ne sait plus comment se comporter, entre envie d'indépendance absolue, chacun chez soi, et impulsion à faire le ménage et la cuisine pour elle et son ami. Leila a besoin d'un temps pour se retrouver et savoir comment elle veut vivre. Elle a décidé de ne plus écouter personne et de réfléchir aux modalités concrètes de la vie à deux qu'elle souhaite.
Leila a finalement proposé à son compagnon de faire un test de vie commune, avec partage des tâches quotidiennes et répartition claire du ménage, des courses et de la lessive. Une fois leur mode de vie mis en place, Leila s'est sentie libérée d'un poids et a pu s'ouvrir plus facilement aux relations physiques avec son compagnon, qui avaient été une source de conflit jusqu'alors. Car elle a cessé de le rendre coupable de ce qui

n'allait pas dans son mode de vie et de le punir inconsciemment en se refusant à lui.
Leila a lâché le bénéfice secondaire de se décharger de sa responsabilité sur l'autre, ce qui lui donnait un sentiment de culpabilité. Elle a vraiment trouvé ce qu'elle voulait vivre et l'a mis en œuvre.

EN SYNTHÈSE

La culpabilité et la dépendance aux avis d'autrui
La sagesse intérieure et la présence à soi-même

- Le Jugement exprime les souffrances de ne pas savoir ce que l'on veut ni qui on est, et de le chercher dans le regard des autres. On est coupé de soi-même, et cela crée une agressivité mentale et une perte de repères.
- Avec la Papesse, il s'agit de prendre le temps de se retrouver et de ressentir ce qui est important ou pas pour nous. En allant à la rencontre de soi-même, on peut révéler ce qui est essentiel dans notre personnalité. On peut alors faire des choix dans notre manière de vivre. Cela donne un appui solide à la personne : elle est en accord avec elle-même parce qu'elle a révélé un territoire personnel. Avec la Papesse, on se reconnaît soi-même et on s'apporte le soutien nécessaire pour vivre à sa façon. La Papesse est branchée sur l'intuition, c'est un esprit élevé qui peut nous aiguiller. Ce guide se manifeste au travers des ressentis intuitifs dans le corps lorsqu'ils se conjuguent avec les fruits de notre savoir et de nos connaissances acquises.

LE MONDE & LE BATELEUR

XXI • LE MONDE

le repli sur soi - la fin d'une époque

Le Monde représente l'ouverture sur la société, la réalisation complète d'une œuvre, le fait de trouver sa place dans le monde, les lauriers à récolter et le plaisir de l'existence. Mais dans son pôle négatif, il exprime les problèmes du repli sur soi-même, de la crainte des autres, le fait de chercher à se protéger de l'extérieur et de penser se suffire à soi-même. C'est aussi la fin d'un cycle de vie, avec un sentiment de clôture d'une époque de son existence.

Son mantra : « J'ai peur de m'ouvrir aux autres, je crains de me perdre ou d'être envahi par l'extérieur. »
L'injonction intérieure à dépasser : « Reste avec toi-même ! »
Le complexe : l'extérieur n'est pas un milieu propice à son épanouissement, il vaut mieux rester sur son domaine interne. Se protéger des autres est une nécessité absolue.
La tentation : se replier sur ses acquis et ne pas pouvoir envisager autre chose.
L'exemple : Liliane a 62 ans, elle est secrétaire médicale et voit arriver sa retraite avec inquiétude. Ses enfants sont loin, dispersés en France et à l'étranger. Elle vit seule, son travail est son unique lien social. Elle a conscience de son repli sur elle-même. La fin de sa période de travail l'oblige à réfléchir à sa façon de vivre. Elle se demande comment se

réinsérer dans le monde pour ne pas s'isoler encore plus, mais elle n'a pas trouvé et, pour l'instant, elle se replie sur ses lectures et sur un de ses hobbies, la couture. Mais cela ne sera pas suffisant pour remplir sa vie.

L'ombre 1, la plus proche du conscient : vous avez tendance à surinvestir votre monde intérieur au détriment de vos relations sociales. L'extérieur est secondaire dans vos préoccupations.

L'ombre 2, la plus profonde : vous envisagez les autres et la société comme une gêne à votre vie intérieure et ce repli vous amène à tourner en rond avec toujours les mêmes choses en vous.

LA VOIE DE RÉSOLUTION AVEC L'ARCANE COMPLÉMENTAIRE

I • LE BATELEUR

Le Bateleur représente la force vitale, l'énergie jeune et dynamique, ouverte sur l'extérieur. C'est la joie de vivre. On montre aux autres ce dont on est capable. C'est le jeu personnel auquel nous avons envie de jouer. Ce jeu alimente notre sentiment d'exister.

Le mantra clé : « Je me montre dans ma spontanéité et mon plaisir de vivre parmi les autres. J'ose faire étalage de mes capacités et de mon énergie pour entreprendre des choses nouvelles. Je mets en œuvre des idées novatrices et je fais le premier pas dans un domaine d'avant-garde. »

L'injonction positive : « Ose te montrer tel que tu es, avec un esprit léger et joueur. » La vie est un jeu, sur une grande toile que l'on peut dérouler en partie à sa guise. Chacun a des options diverses de relation à l'extérieur. Et quand bien même il n'y en aurait qu'une, elle peut se vivre avec un esprit léger, créatif, ouvert sur les autres. Cela ravive les couleurs de l'existence.

Dépasser le complexe : il s'agit de développer une idée neuve qui peut nous sortir de notre enfermement. Celle-ci doit répondre à un des désirs créatifs et ludiques qui se cachent en chacun. Peu importe ce que l'on choisit, ce qui compte, c'est de passer à l'action et de l'expérimenter à l'extérieur de soi et de sortir de ses habitudes. La vie peut proposer des surprises agréables lorsque l'on sort de son monde confortable et connu. Se montrer d'une façon directe et spontanée ouvre des horizons nouveaux et crée des opportunités de contacts.

Lorsqu'une période de sa vie se termine, il est essentiel de pouvoir ouvrir un nouveau cycle d'existence. Pour cela, il faut prendre le risque de faire un premier pas dans un domaine, quitte à être novice, paraître peu expérimenté et candide. Vous verrez qu'il sera bien accueilli par l'entourage. Mais s'il s'avère que cela ne vous convient pas, aucune importance, l'erreur est admise, elle fait partie de la vie. Vous irez voir ailleurs.

L'art de contourner la tentation du repli sur ses acquis : il s'agit d'accepter de faire des tentatives, quitte à ce qu'elles ne soient pas fructueuses et que vous n'ayez pas envie de les poursuivre. Mieux vaut essayer et se tromper que de rester dans votre cercle de plus en plus stérile. L'ouverture sur de nouvelles expériences est porteuse d'un renouvellement de vie. Vous aurez ainsi la chance de trouver ce qui vous convient et vous motive à plus long terme. Autorisez-vous une certaine légèreté, car vous allez vous rendre compte que cela ne prête pas à conséquence, alors que le jeu en vaut la chandelle. Ce qui veut dire que vous n'avez rien à perdre à vous ouvrir à de nouvelles idées et de nouvelles activités.

L'exemple et sa résolution : Liliane a retourné dans son esprit les termes de sa situation. Il lui reste moins d'un an de travail, son employeur va lui aussi arrêter de travailler et ce sera l'heure de sa retraite. Liliane est au pied du mur, il lui faut s'ouvrir à des choses nouvelles. Elle n'a pas envie de rechercher un emploi ailleurs, bien qu'un jeune médecin s'installe dans le cabinet où elle travaille – elle pourrait ainsi poursuivre encore quelques années. Liliane a envie de nouveauté. Si elle reste, elle n'aura plus assez d'énergie ensuite pour sortir de son univers fermé et de sa routine. Elle prend la décision de prendre sa retraite. Elle va voyager, aller voir ses enfants. Puis elle verra si elle quitte sa région pour s'installer ailleurs. Liliane se met à envisager sa vie de façon nouvelle et ouverte. Elle va tester pour voir ce qui lui plaît ou non. Liliane n'a pas

eu l'occasion de faire des expériences. Elle veut à présent essayer des stages de développement personnel, des cours d'anglais et d'italien... Elle a plein d'envies. Elle en est elle-même très surprise, elle ne pensait pas avoir une telle énergie !
C'est en renonçant au bénéfice secondaire de la sécurité intérieure en restant dans un domaine connu que Liliane a ouvert la porte à une énergie vitale plus dynamique qui lui a apporté plein d'idées nouvelles. L'arcane le Bateleur pousse les portes et offre la possibilité d'essayer toutes sortes de choses. Il le fait avec légèreté et bonne humeur, ce qui emporte souvent l'adhésion de l'entourage. Ainsi le monde ne s'arrête pas à l'univers connu, il offre plein d'autres opportunités.

EN SYNTHÈSE

L'enfermement dans son monde intérieur et la fin d'un temps
Les débuts joyeux et prometteurs

- Le Monde exprime les souffrances du repli sur soi, la crainte de ce qui peut advenir en s'ouvrant sur la société. C'est l'appauvrissement interne parce que l'on tourne en rond dans ses habitudes. C'est la fin d'une époque, portant des énergies qui ne parviennent pas à se renouveler.
- Avec l'arcane le Bateleur, il s'agit de pousser des portes et d'expérimenter des choses nouvelles. Le Bateleur ose essayer, sans craindre de se tromper, car l'erreur n'est pas une faute : elle permet d'avancer au même titre que la réussite. Le Bateleur charrie un esprit léger et joueur qui anime son entourage et attire à lui des opportunités. Il possède l'art de mettre en avant ses capacités et, le faisant, se découvre lui-même. C'est en osant penser et faire des choses nouvelles que le Bateleur se crée un chemin porteur d'un avenir. Il agit et participe à la création de sa destinée. En ce sens, le Bateleur est un véritable magicien de l'existence.

LE MAT
&
LA FORCE

LE MAT

l'errance - le risque inconsidéré

Le Mat représente le chemin, la destinée qui nous porte vers l'inconnu, la liberté d'être et d'avancer. C'est le voyage de l'existence. Le Mat est une image de l'être humain dans son parcours, son cheminement, en quête de lui-même et de ce qui va advenir. Mais dans son pôle négatif, il exprime le fait de ne pas savoir où l'on va, de se retrouver dans une sorte d'errance, sans repères ni guide. Le Mat représente la peur d'avancer, de prendre le moindre risque. À l'opposé, il représente aussi la fuite en avant et la prise de risques inconsidérés.

Son mantra : « J'ai peur d'avancer, je ne sais pas où je vais. »
L'injonction intérieure à dépasser : « Rien n'a de sens ni d'importance. »
Le complexe : ne pas regarder les choses en face et fuir devant les difficultés. Se détacher des réalités plutôt que les affronter.
La tentation : préférer la fuite en avant, quitte à se mettre encore plus en danger ou à se retrouver dans une impasse.
L'exemple : Paula, 50 ans, a perdu son mari il y a déjà dix ans des suites d'une longue maladie. Depuis ce deuil, Paula fuit sa maison. Elle a tout conservé comme au jour du départ de son mari, elle n'a rien vidé ni n'a entrepris de travaux pourtant nécessaires. À son travail, Paula stagne à un poste subalterne dans une administration territoriale, n'ayant passé aucun concours pour progresser. Elle ne voit pas l'intérêt de faire des efforts

pour quoi que ce soit, c'est une fuite en avant permanente. Pourtant, Paula n'est pas déprimée, elle sort avec ses amies et fait des voyages. En fait, elle n'est jamais chez elle. Il ne lui est pas venu à l'idée de déménager pour changer d'ambiance.
L'ombre 1, la plus proche du conscient : vous avez tendance à fuir la réalité et à regarder ailleurs plutôt que de vous confronter aux situations.
L'ombre 2, la plus profonde : vous avancez sans regarder où vous mettez les pieds, poussé par vos instincts et vos désirs, n'écoutant pas votre pôle raisonnable.

LA VOIE DE RÉSOLUTION AVEC L'ARCANE COMPLÉMENTAIRE

XI • LA FORCE

La Force représente la maîtrise des situations, le courage et la détermination. La Force est une alliance des énergies de la tête et de celles du corps, c'est l'union de la volonté et des instincts. Cette alliance aboutit à se fixer des objectifs en accord avec ce que l'on veut et ce que l'on peut réaliser. C'est cela qui donne la force à la personne et lui trace un chemin.
Le mantra clé : « Je sais rassembler en moi ce que je veux et ce que je peux faire afin de déterminer un axe à mes actions et à ma façon d'être, et pour m'y tenir avec force et fermeté. »
L'injonction positive : « Trouve le courage de te donner un objectif à atteindre et prends les décisions nécessaires pour le réaliser. Ne lâche pas prise, reste uni dans l'action, ta détermination vaincra des obstacles. »
C'est une façon de penser qui permet de donner un sens à ce que l'on décide, en s'appuyant sur les données concrètes de ses possibilités et de ses souhaits. Ainsi est déterminé un axe objectif qui donne une orientation à sa vie.

Dépasser le complexe : il faut écouter la voix instinctive en soi pour la comprendre tout en la maîtrisant. Cela permet de trouver comment répondre à ses désirs profonds sans se laisser déborder par eux, mais en leur apportant aussi le concours de notre esprit pour ouvrir sur leur réalisation. Ainsi, il n'est plus nécessaire de fuir la réalité, on peut l'aborder de façon logique et raisonnable, sans devoir se forcer.

La bonne conjugaison de l'instinct et de la volonté offre un chemin pour réaliser ce que l'on décide de faire. C'est trouver l'énergie pour dépasser les obstacles et avoir la ténacité d'aller au bout d'un projet. Se sentir capable de faire aboutir ce que l'on a décidé est à la fois l'expression d'une force intérieure et le renouveau de cette même force. L'énergie mise en œuvre de façon juste se nourrit d'elle-même.

L'art de contourner la tentation de la fuite en avant : il s'agit de maîtriser ses impulsions. Si la perspective d'agir pour soi n'est pas un moteur suffisant pour stopper la fuite en avant, il est possible de mettre en œuvre sa volonté pour le service d'autrui. C'est une façon de prendre une place juste parmi les autres. Chacun a une certaine destinée, et il vaut mieux participer activement à sa mise en œuvre plutôt que de se laisser aller comme un électron libre, car cela ne peut que nous handicaper et gêner certains autour de nous. Se rassembler et prendre de façon logique sa place parmi les autres, c'est déployer la force que l'on possède, c'est la révéler. Il s'agit de considérer que notre vie a un sens plutôt que pas de sens. À partir de là, nous pouvons participer à l'écrire.

L'exemple et sa résolution : Paula comprend qu'elle ne peut pas continuer de se cacher ainsi certaines réalités. Elle se donne trois mois pour faire le nettoyage et les travaux de sa maison, un temps raisonnable et logique pour réaliser ces transformations. Cette décision juste lui a permis de faire ce qu'il fallait, aidée par des professionnels. Cette première réalisation réussie lui a donné le courage d'en entamer une seconde, plus difficile : évoluer dans son travail. Puis envisager de retrouver un compagnon. Paula s'est sortie de la fuite en avant en mettant en œuvre sa volonté en se donnant une perspective réaliste et concrète. Cet objectif une fois atteint lui a redonné de l'énergie pour qu'elle s'en fixe un autre. Cette façon de vivre, en se donnant une orientation déterminée, a amené

Paula à mieux maîtriser ses pulsions négatives et à les transformer en énergie positive.
Avec l'arcane la Force, il est question d'aller vers une maîtrise concrète de sa vie, en mettant en œuvre les actions possibles. Cela construit et stimule une force de caractère en soi. Paula a justement constaté qu'en rassemblant ses énergies vers un objectif elle gagnait en ténacité et en efficacité. Cette expérience de la réalité lui a permis de quitter la fuite en avant dans laquelle elle s'engluait auparavant.

EN SYNTHÈSE

La fuite en avant et l'égarement
La détermination logique et l'alliance des énergies

- Le Mat exprime les souffrances d'une existence qui a perdu son sens, ses repères, et qui s'égare sans parvenir à arrêter une sorte de fuite en avant. C'est une façon d'avancer, sans but précis ni volonté particulière, qui peut amener la personne dans des impasses ou des situations dangereuses.
- Avec l'arcane de la Force, il s'agit de retrouver une pensée et une volonté qui vont s'appliquer au réel et donner un objectif concret, réaliste et atteignable. La Force exprime un principe de réalité qui est le fruit d'une alliance de la pensée et des données concrètes du terrain, comme des capacités de la personne. La Force représente cette union de la tête et du corps. Conscient de ses moyens et de ses limites, on peut se fixer un but à atteindre. Ensuite, on peut déployer son énergie jusqu'à l'atteindre. En retour, la réussite va donner à la personne une énergie nouvelle. Plus on réalise ses objectifs, plus ses moyens grandissent. La Force se régénère d'elle-même. Cette façon de vivre permet d'avancer dans sa vie et dans sa réalisation personnelle. Cette maîtrise de soi-même est source d'épanouissement.

CHAPITRE 3

SE RÉALISER GRÂCE AU TAROT DE MISSIONS DE VIE

Le tarot, dès ses origines, a cherché à illustrer par l'image des conceptions à caractère philosophique et humaniste de l'existence. Déjà, lorsqu'il se présentait comme le jeu des Triomphes ou des Victoires (ancêtres du tarot que nous connaissons), il était question des chemins qui mènent à une réalisation de soi. Avec l'apparition du tarot de Marseille, cette perspective est devenue encore plus évidente. Aujourd'hui, la compréhension plus contemporaine de la signification des symboles du tarot éclaire l'objet de réalisation de la personne que porte chaque arcane majeur.

LE SENS DE LA VIE

Dans le processus d'individuation défini par C. G. Jung, il est question de mettre en œuvre son chemin individuel et sa façon de vivre avec soi-même et avec les autres (voir p. 65). Plus on avance dans ce processus, et plus clairement se dessine une vision, un sens à cette route.
Ainsi, il s'avère que la voie individuelle répond à une forme de destinée que chacun parcourt et contribue à déterminer. Il y a un aller-retour, une dialectique entre ce que l'existence nous apporte et nous fait vivre et ce que nous choisissons volontairement dans notre vie. Cette conjugaison de l'action de l'inconscient et du conscient est présente à tout moment. Que nous le voulions ou pas, que nous en soyons conscients ou pas, nous avons en permanence un pied dans la réalité consciente et un pied

dans une autre réalité liée à l'inconscient. Savoir repérer les messages qui se dégagent de cette double origine permet de mieux accompagner le processus vital et de prendre une part plus active à son déroulement.

Jung et le concept du soi

Pour C. G. Jung, le soi est un centre d'ordre cosmique contenu en chacun. Il constitue une sorte de conscience suprême, un guide universel contenant toute la connaissance passée, présente et à venir. Le soi a une fonction centrale, tout en étant celui qui guide, et il est aussi celui qui contient le tout de l'être. C'est un concept qui transcende notre compréhension logique. Mais le corollaire de ce concept du soi est qu'il préexiste un grand ordre des choses, ce qui implique que nous avons une destinée à accomplir, axe central pour lequel nous avons la liberté de définir les modalités d'application. Cela va se traduire par des missions de vie que nous pouvons accomplir. C'est à la fois un destin et une liberté, le paradoxe de notre existence. Le tarot est alors un outil pour nous guider, au fil du temps, sur ce chemin de réalisation de soi-même. Il peut nous permettre d'entrer en communication avec cette instance du soi. Le grand tirage de tarot de la mission de vie interrogera le guide intérieur de chacun pour l'éclairer sur son chemin. Ce tirage révèle le sens des choix que nous faisons ou que nous voulons faire.

LE TAROT, LE LIVRE DES SECRETS DE L'EXISTENCE

Les arcanes éclairent le déroulement de notre existence en lui conférant un sens. C'est le lien entre le conscient et l'inconscient qui démontre qu'il y a une signification à nos actes et aux situations que nous traversons. Sans ce lien, la vie apparaît insensée et vide, se déroulant comme une suite d'événements reliés uniquement par une causalité pratique. Or la relation de cause à effet est loin d'être suffisante pour expliquer ce qui se passe. Mais dès que l'on observe le lien possible entre ces deux univers qui coexistent sans pouvoir toujours communiquer – notre vie consciente et un autre plan plus vaste qui nous traverse et reste caché dans l'ombre –, les relations s'éclairent et certains mystères se dévoilent.

C'est pourquoi la tradition historique nomme le tarot «le livre des secrets»: il révèle la signification du chemin particulier que chacun emprunte. Ce chemin n'est toutefois pas défini une fois pour toutes, il est en évolution constante. Au travers des épreuves et des joies que nous traversons se dessine une route singulière. Nous pouvons parler de mission de vie, c'est-à-dire d'un contenu spécifique à chacun dans son avancée dans l'existence.

LA MISSION DE VIE, LE FRUIT D'UNE ALLIANCE

Ce chapitre éclaire la signification de cette route personnelle. En décryptant, arcane après arcane, chacune de ces missions, le tarot prend la fonction de guide. Il nous permet d'avancer dans la connaissance de nous-mêmes, de poser des actions pour prendre notre place à l'égard des autres et de la société.

Le tarot fait là aussi le lien entre l'intérieur et l'extérieur, entre l'individu et la société. Car il ne sert à rien de se connaître si on ne parvient pas à œuvrer dans le monde. De même, une place dans le monde est creuse si elle ne répond pas à qui l'on est vraiment à l'intérieur.

La mission de vie relève de cette alliance entre l'intérieur et l'extérieur, le conscient et l'inconscient, l'individu et la société. L'alliance des pôles complémentaires aboutit à découvrir sa force. L'union des complémentaires, que les alchimistes appelaient «le mariage du roi et de la reine», aboutit à une énergie maîtrisée qui se renouvelle d'elle-même.

22 CHEMINS POUR SE RÉALISER

Lorsque le tarot éclaire la mission de vie, il exprime ce que peut être cette alliance pour chacun. Ce qui est remarquable dans cet outil symbolique, c'est qu'il nous révèle qu'il y a de nombreux chemins pour se réaliser. Le tarot nous en donne vingt-deux exemples. C'est un ensemble fini mais dont les contenus restent infinis. Chacun peut y retrouver le sien, celui qui va lui parler au plus près.

COMMENT FAIRE EN PRATIQUE ?

✶ À la manière consciente, en parcourant les 22 arcanes majeurs
Choisissez au fil de la lecture l'arcane qui vous concerne le plus.

✶ À la manière intuitive et inconsciente, par le biais d'un tirage à une seule carte

La mission de vie de chacun peut évoluer, se préciser, ou même se transformer. Mais il est nécessaire de lui laisser le temps de le faire. Aussi, un tel tirage ne peut se renouveler rapidement. La sagesse serait de ne le faire qu'une fois par an.

I • LE BATELEUR :
LE DÉFRICHEUR JOYEUX

Le Bateleur propose un chemin d'innovation. C'est celui de quelqu'un qui va vers les idées neuves, l'avant-garde, qui ose avancer dans des domaines encore peu ou pas connus. Il est nécessaire de développer un caractère très fort, ouvert sur l'extérieur, d'être prêt à faire valoir ses idées et ses capacités. C'est une mission de vie tournée sur la réalisation de l'individu, qui privilégie la pensée de la personne face au groupe. On doit imposer sa vision personnelle aux autres avec une certaine légèreté et en usant de l'humour pour la faire accepter. Le Bateleur doit affronter le regard de la collectivité qui peut le voir comme une bête curieuse. Il passe outre et s'amuse des limites de certains.

La mission du Bateleur est de faire valoir, face au monde, sa façon de vivre personnelle et légère, son esprit jeune et joueur, sa capacité d'entreprendre. Il est le chantre des entreprises individuelles, des tentatives aventureuses parfois, des visions d'avenir et de la légèreté de l'être.

L'exemple : Aristide vient d'une famille de médecins, ses parents et son frère évoluent dans l'univers médical. Mais lui n'a pas voulu suivre leur exemple. Après des études littéraires, il a eu des difficultés à trouver un emploi fixe, allant de petit boulot en petit boulot. Aristide s'est toujours senti comme le raté de la famille, jusqu'au jour où il a découvert la thérapie par l'hypnose. Cela lui a plu, il a suivi une formation complète puis s'est installé comme hypnothérapeute. Aristide a ainsi ouvert sa voie et sa façon personnelle de vivre un rapport de soin à l'autre. Aujourd'hui, Aristide est heureux de sa manière de vivre et valorisé. Il se sent comme un homme d'avant-garde dans les techniques de soin, animé d'un esprit novateur, hors des traditions, ce qui lui correspond bien.

Votre mission de vie : « Le droit de vivre à ma façon. »

→ **Vous avez tiré le Bateleur**, alors osez vivre comme vous l'entendez, n'ayez pas peur d'entreprendre, n'ayez pas peur de vous tromper, sortez, amusez-vous, montrez vos capacités aux autres, soyez joyeux et plein d'entrain, commencez des choses nouvelles. Vous êtes fait pour cela.

Votre mission est de montrer aux autres que la réalisation personnelle est un but légitime et utile.

II • LA PAPESSE :
LA SAGESSE INTUITIVE

La Papesse propose un chemin de connaissance. C'est celui d'une personne qui cherche à se connaître et part en quête de sa vie intérieure. C'est la voie de la sagesse, celle qui guide vers les positions les plus justes et les plus en adéquation avec le grand ordre des choses. La Papesse représente une façon d'être tourné vers le monde caché pour le découvrir et en comprendre le sens. Elle le fait dans une dimension aussi bien concrète et matérielle que dans une dimension liée à l'esprit. Avec la Papesse il s'agit d'intuition, en recherche de la signification des événements. La mission exprimée par la Papesse est de savoir lire et interpréter les diverses étapes de notre vie. Elle feuillette ainsi les pages de notre existence, tout en apportant une présence rassurante et stable.

La mission de la Papesse est, grâce à une attention portée à soi-même et aux autres, d'apporter un savoir caché, fondé sur l'intuition et les connaissances acquises. C'est une figure qui éclaire et rassure, tout en mettant en lumière l'apport du mystère de la vie dans nos existences. La Papesse est une spiritualité incarnée.

L'exemple : Ludhiana travaille au sein d'une grande entreprise. Elle fait son travail avec conscience, mais ce qui la caractérise surtout c'est d'être celle à qui les collègues se confient. Car Ludhiana possède une sorte de don, celui de savoir écouter l'autre et de lui apporter une parole sensée et de réconfort. Elle y trouve une joie qui remplit son quotidien. Cela lui apporte autant à elle-même qu'aux autres. Ludhiana n'a pas d'enfants et vit seule avec son mari. Ce dernier accepte quand sa femme reçoit des invitations de ses collègues et trouve même cela valorisant. De plus, Ludhiana ne manque pas d'apporter aussi à son mari sa présence douce, féminine et maternante. Quand elle en aura le temps, Ludhiana

s'est promis d'accroître ses connaissances sur la psychologie et la nature humaine.
Votre mission de vie : « Montrer le mystère incarné de la vie. »
→ **Vous avez tiré la Papesse**, alors vous avez une vie inspirée, et il s'agit d'oser écouter votre intuition, elle est là pour vous guider. Vous avez la capacité de comprendre instinctivement ce qui se passe en vous et autour de vous. Vous pouvez conjuguer cette faculté avec un savoir et des connaissances acquises. Cela vous permettra de montrer un chemin clair et compréhensif aux autres. Vous possédez une présence forte et c'est une qualité qui vous permet de prendre votre place parmi les autres.

III • L'IMPÉRATRICE : L'EXPRESSION CRÉATIVE

L'Impératrice propose un chemin de créativité. C'est celui d'une personne qui sait imposer ses façons de voir et de penser. Ses qualités d'expression peuvent se traduire aussi bien dans le domaine de l'écrit que dans celui de la parole. Mais dans tous les cas, il sera nécessaire d'extraire de soi les idées, les ressentis qui habitent l'individu. Avec l'Impératrice, on est fait pour communiquer aux autres ce qui vient de l'intérieur de soi. C'est un chemin où l'on démontre l'utilité d'exprimer qui l'on est et ce que l'on porte. Car de cette expression surgit une créativité : l'Impératrice transforme et fait avancer les choses par sa parole et son esprit. Elle a confiance en elle car elle peut faire l'expérience que ses idées sont créatrices de développement et de contacts bénéfiques entre les êtres.
La mission de l'Impératrice est de créer des contacts entre les personnes et de faire circuler ses idées, sources d'évolution, d'éclaircissements et de développement. C'est une fonction créatrice et de communication qui instaure des espaces de relations bénéfiques entre les personnes.
L'exemple : Marie-Jeanne est enseignante de français au collège. Elle a des classes parfois difficiles à gérer mais elle a beaucoup d'idées et essaie toujours d'adapter son programme à ses élèves, notamment en s'appuyant

sur ce qu'ils vivent et regardent au quotidien. Ainsi, Marie-Jeanne leur a fait travailler Molière en le traduisant de façon contemporaine dans leurs vies. Cela a passionné ses classes et suscité de l'intérêt pour les textes classiques. Un spectacle a été mis au point et le succès remporté en fin d'année a déclenché de l'enthousiasme aussi bien chez les élèves que dans le milieu enseignant et, bien entendu, chez les parents. Des liens se sont créés. Marie-Jeanne, qui a été à l'initiative de cet événement, a été rapidement aidée et accompagnée par des parents bénévoles et des collègues intéressés. Elle s'est promis de poursuivre dans cette voie qui a engendré de si précieux contacts entre les personnes.
Votre mission de vie : « Révéler que la créativité personnelle ressource les liens humains. »
→ **Vous avez tiré l'Impératrice**, alors osez exprimer vos idées et vos sentiments. Votre créativité est bienvenue, elle va faire avancer les situations et apporter des choses nouvelles, à vous comme à votre entourage. Votre mission est de vous exprimer et de communiquer, car vous êtes une source de lien entre les hommes.

IIII • L'EMPEREUR : L'ACTION RESPONSABLE

L'Empereur propose un chemin d'entreprise. C'est celui de quelqu'un qui prend sa place parmi les autres en agissant selon le cadre précis qu'il s'est donné. C'est un entrepreneur qui met en marche de façon concrète les éléments de sa vie. C'est une personne à la fois active et qui a le sens des responsabilités. Cela signifie être dans la capacité d'assumer ses actes et de prendre une position bien incarnée dans le territoire que l'on s'est forgé. C'est une mission qui se situe à la croisée de la matière et de l'esprit. Avec l'Empereur, l'esprit humain et le sens des responsabilités entrent dans la réalisation matérielle des choses. L'action de l'individu détermine un domaine sur lequel il règne et qu'il protège. Le rôle de l'Empereur est d'agir, de diriger et de protéger.

Ici, la personne définit les limites à son entreprise et à son pouvoir pour agir librement dans ce cadre déterminé.

La mission de l'Empereur est de mettre en œuvre ses capacités au travers d'actions concrètes, logiques et déterminées. Cela produit des résultats pour la personne et pour son entourage. Cette fonction d'entrepreneur, qui agit de façon responsable, est bénéfique à tous.

L'exemple : Patrick a créé son entreprise de services à la personne. Il a choisi de s'implanter localement et il développe ses affaires dans un cadre à la fois géographique et d'activités spécifiques. Il a su agir avec logique et de façon pragmatique pour ne pas promettre l'impossible, ni à ses clients ni aux personnes qu'il emploie. Il a commencé par n'offrir que certains services, les plus demandés (le ménage, les courses pour les personnes âgées et le bricolage). Une fois son réseau dans ces domaines bien mis en place, Patrick a développé la garde d'enfants, plus exigeante dans le recrutement et qui, finalement, lui a donné quelques difficultés. Il a donc décidé de réduire cette activité au seul raccompagnement des enfants à la sortie de l'école et à l'aide aux devoirs jusqu'au retour des parents. Cette attitude a apporté à Patrick la reconnaissance de la part de sa clientèle.

Votre mission de vie : « Montrer le rôle de l'action pour vivre une vie constructive et responsable. »

→ **Vous avez tiré l'Empereur**, alors osez vous lancer et mettre en œuvre vos activités ! C'est vous qui décidez ce que vous allez faire et comment le faire. Restez logique et concret, en relation avec le réel mais aussi en accord avec votre volonté d'agir. Vous êtes fait pour entreprendre et défendre votre entreprise. Cela sera bénéfique pour vous et pour les autres.

V • LE PAPE : TROUVER L'ART DE VIVRE

Le Pape propose un chemin d'éthique de vie. C'est la capacité de cadrer sa route et celle des autres en leur donnant des limites pour se diriger sans se perdre. C'est l'art de transmettre des valeurs tout en confortant autrui dans son bon droit d'exister de cette manière. C'est cette belle qualité de savoir reconnaître la valeur humaine et de lui apporter une parole de soutien. Avec le Pape, la personne possède une sagesse et un sens des valeurs qu'elle peut transmettre aux autres, et elle peut les aider à découvrir leurs propres valeurs. C'est une mission d'enseignant, de conseiller, de guide. C'est aussi la capacité d'aller trouver les personnes expertes dans leur domaine, qui seront de bons conseils dans notre évolution. Avec le Pape, on développe son sens moral en se donnant des clés pour vivre comme on l'entend.

La mission du Pape est de définir les valeurs importantes de son existence afin de s'y référer et de s'y conformer le plus possible. C'est savoir définir sa propre conception de la vie qui va constituer un appui fondamental pour savoir comment vivre et ce que l'on veut faire de sa vie.

L'exemple : Adrienne est une jeune assistante sociale dont l'activité consiste, pour l'essentiel, à accompagner des personnes ou des couples sur des questions d'ordre familial. Ses activités professionnelles auraient découragé Adrienne de fonder une vie commune si la rencontre d'un collègue ne l'avait fait changer de point de vue. Celui-ci lui a ouvert une autre façon de voir son métier… et même sa vie : en recherchant plus profondément les valeurs qui rapprochent ou éloignent les uns des autres. Adrienne a découvert les vertus du questionnement sur ses valeurs et conceptions de la vie, ce qui a apporté à son existence une autre dimension et a donné un sens aux gestes les plus quotidiens.

Votre mission de vie : « Mettre en œuvre les valeurs qui éclairent le quotidien. »

→ **Vous avez tiré le Pape**, alors osez définir vos propres conceptions de l'existence. Éloignez-vous ou rapprochez-vous des acquis de votre éducation. C'est vous qui faites ce choix. Sachez exprimer les valeurs qui vous tiennent à cœur et formulez des limites pour vivre dans un cadre avec lequel vous êtes en accord. Donnez-vous vos règles de vie et apprenez aux autres à trouver les leurs.

VI • L'AMOUREUX : LES CHOIX DU CŒUR

L'Amoureux propose un chemin de sentiment. C'est celui d'une personne qui reconnaît ce qu'elle ressent et se guide grâce à son cœur. C'est le choix de privilégier les ressentis et la sensibilité pour mener sa route et décider de son parcours de vie. Une telle orientation montre aux autres l'exemple de l'empathie, de la douceur, comme valeur primordiale. La réalisation de la personne passe par l'échange avec les autres et l'art de la relation harmonieuse. C'est une mission où l'attention et le soin porté à soi-même et à l'autre sont des priorités. Mettre en avant et respecter la part humaine et sentimentale est un objectif de l'existence. L'Amoureux place les êtres humains à égalité pour tout ce qui concerne le cœur.

La mission de l'Amoureux est de faire valoir le sentiment comme moyen prioritaire de faire ses choix et de vivre ses relations. Il y a une dimension démocratique dans cette mission qui, par sa nature liée aux sentiments, place tous les êtres sur le même plan.

L'exemple : Henri est un jeune homme avec des responsabilités importantes dans une entreprise de formation informatique. Il dirige une équipe de près de trente personnes. Il trouve le management du personnel souvent plus délicat que le contenu du travail lui-même. Pour alléger les tensions entre les collaborateurs, il a eu l'idée de créer des groupes de travail responsables à égalité du suivi des tâches. Henri a mis à plat le système hiérarchique existant pour privilégier une organisation fondée sur la coopération et l'entraide. De fait, il a relevé les rémunérations pour qu'elles soient plus uniformes et donnent à chacun une même importance et une même responsabilité. En choisissant ce système qui repose sur un sentiment d'échange et de valeurs de chacun, Henri a

réussi son pari de mieux faire fonctionner son entreprise et de vivre dans une ambiance plus agréable.
Votre mission de vie : « Révéler que l'échange humain est une priorité. »
→ **Vous avez tiré l'Amoureux**, alors osez imposer des choix de vie qui donnent la préférence aux sentiments et aux échanges humains. Montrez aux autres ce qui vous plaît ou vous déplaît, appuyez-vous sur votre sensibilité pour faire vos choix. Vous êtes fait pour porter haut les valeurs d'échange, de douceur, pour montrer que l'on peut faire les choses ensemble.

VII • LE CHARIOT : LA RÉUSSITE PERSONNELLE

Le Chariot propose un chemin de réalisation personnelle. C'est une route autonome qui met en avant la valeur de l'indépendance. Faire sa route par soi-même est très valorisant : on montre sa capacité de se prendre en charge. Faire soi-même son chemin est un signe de maturité et l'appui pour une émancipation collective. Le Chariot exprime les capacités d'évolution dynamique de la personne. C'est prendre en main sa destinée et avancer en maîtrisant ses pulsions pour aller dans une direction donnée.
La mission du Chariot est d'avancer sur une voie tracée par la volonté individuelle. C'est la preuve que la personne peut réussir sa vie de façon indépendante et personnelle. C'est un chemin qui exprime la valeur de l'individu et son aptitude à mener sa vie selon ses idées.
L'exemple : Sylvie est commerçante, elle possède une boutique de lingerie féminine. Mais ses affaires rencontrent des difficultés et elle est au bord du dépôt de bilan. Elle ne veut pas retourner dans son précèdent emploi de secrétariat. Elle a goûté à l'indépendance et souhaite la garder. Elle décide de poursuivre son affaire et prend le risque d'emprunter. Elle se lance dans la lingerie masculine et monte un site Internet pour se faire connaître dans cette nouvelle activité et vendre à distance.

Ces quelques investissements donnent très vite des résultats. Elle va réussir son pari, conserver son entreprise et même la voir prospérer.
Votre mission de vie : « Poser la pierre d'une réalisation générale. »
→ **Vous avez tiré le Chariot**, alors osez vivre votre route personnelle et indépendante. N'hésitez pas à aller de l'avant car c'est souvent ainsi que l'on dépasse les obstacles et que l'on va vers la réussite. Votre détermination éclairée vous aidera. Votre mission est de montrer que s'appuyer sur sa valeur personnelle est un atout pour bien vivre sa vie.

VIII • LA JUSTICE : FAIRE LE BIEN

La Justice propose un chemin de quête d'harmonie. Exprimer ce qui est juste et bien dans l'existence est une véritable boussole, qui permet de se guider dans la voie la plus appropriée pour soi-même et autrui. C'est la capacité de révéler ce qui est porteur d'équilibre et d'harmonie, atout précieux pour les relations et les échanges équitables. C'est une mission où il est question de prendre des positions et des décisions pour le bien commun. Un tempérament rigoureux permet de se montrer très fiable. La Justice représente une base solide et stable qui peut rassurer autant qu'inspirer la crainte, mais c'est toujours pour faire le bien. Une grande humanité habite la personne en quête de décisions qui remettent de l'ordre dans l'univers.
La mission de la Justice est d'exprimer et de mettre en pratique les valeurs qui pourront remettre en ordre l'univers pour le bien de tous. La Justice ne veut pas privilégier les intérêts particuliers, elle cherche à établir les positions les plus équitables qui permettront de mieux vivre ensemble.
L'exemple : Myriam est avocate. Ayant vu trop de familles se déchirer et ne pas trouver les solutions justes pour chacun, elle a ressenti le besoin de prendre des responsabilités dans ce domaine qui la touche et a repris ses études pour devenir juge pour enfants. Avec une famille à charge et son travail à plein temps, il ne lui a pas été facile de prendre un

enseignement supplémentaire. Elle n'a pas pu suivre un cursus normal et a mis plus de temps pour obtenir son diplôme. Mais elle y est parvenue. Une fois en poste, elle a pu s'épanouir dans sa nouvelle fonction, malgré une très lourde charge de travail. Car ce qui compte le plus pour Myriam, c'est le sentiment d'être vraiment utile dans son domaine.

Votre mission de vie : « Révéler les valeurs de l'équilibre et de l'harmonie. »

→ **Vous avez tiré la Justice**, alors osez mettre en œuvre vos convictions et votre façon de voir la vie pour plus de justice et d'équité. Vous avez le sens de ce qui est bon et bien pour tous et pour vous-même. Manifestez vos positions fermement, car elles sont empreintes d'une grande humanité. Vous êtes fait pour éclairer les chemins de l'ordre et de l'équilibre.

VIIII • L'HERMITE : LA RECHERCHE CONSCIENTE

L'Hermite propose un chemin de conscience. C'est celui de quelqu'un qui cherche à comprendre ce qu'il vit. Cette quête s'applique autant à son passé et à son présent qu'aux aspects collectifs de l'histoire. C'est un chercheur qui met en avant les qualités de réflexion et de pensée. Il peut mettre en œuvre un système personnel d'idées et révéler des concepts qui vont éclairer le sens des situations et des vécus individuels. C'est un chemin de thérapeute, qui guide les autres par la lumière de sa pensée. L'Hermite représente une mission d'éclaireur, sachant exprimer ce qui est resté dans l'ombre et permettant à chacun de mieux saisir son destin. La route de l'Hermite est une voie de l'esprit individuel. Il doit s'appuyer sur ses qualités de patience et de détermination.

La mission de l'Hermite est de défricher les zones cachées de l'histoire de chacun, la sienne comme celle d'autrui. C'est un guide de l'esprit, un chercheur patient et tenace. L'Hermite exprime la vertu positive du temps qui ouvre des perspectives et des vérités, levant certains voiles.

L'exemple : Mathilde est une femme de 60 ans qui va prendre bientôt sa retraite de gestionnaire d'une entreprise du bâtiment. Elle est appréciée

dans son travail pour l'esprit dont elle a fait preuve pour éclairer les situations compliquées traversées par l'entreprise et pour prendre les bonnes décisions. Elle y a fait toute sa carrière et appréhende la fin de son activité. Afin de rester active et d'exploiter ce talent, Mathilde décide de suivre des jeunes dans leur formation économique pour les aider à préparer leurs examens. Elle fait ainsi vivre sa capacité intellectuelle et en fait profiter les autres. Elle s'est également découvert une passion pour la généalogie et les rencontres qu'offre cette activité.
Votre mission de vie : « Révéler le sens et l'esprit des choses et du temps. »
→ **Vous avez tiré l'Hermite,** alors osez vivre votre humanité intelligente. Suivez votre rythme, ne vous laissez pas détourner de votre chemin, le temps travaille pour vous. Votre mission est de révéler la signification profonde des choses, c'est un acte de guérison de l'âme autant qu'un éclairage pour vous et votre entourage.

X • LA ROUE DE FORTUNE : LE SENS DE L'HISTOIRE

La Roue de Fortune propose un chemin de curiosité active. C'est celui d'une personne qui sait s'adapter aux événements de la vie et en tirer le meilleur parti. Cela démontre l'effet de l'initiative individuelle sur les situations. Il est possible d'interférer dans sa destinée lorsque l'on sait prendre les choses d'une façon intelligente et objective, tout en se respectant soi-même. Dans cette mission, il s'agit de prendre en main sa destinée. La Roue de Fortune ouvre aussi les portes d'un questionnement sur l'actualité. Très ancrée dans la réalité présente, elle permet de s'informer sur ce qui se passe afin de saisir les opportunités qui se présentent. C'est la capacité de comprendre son époque pour bien l'accompagner, en accord avec ses propres désirs.
La mission de la Roue de Fortune est de faire la preuve concrète qu'il est possible de prendre en main son destin. Grâce à une vision objective

des réalités, c'est la capacité de réaliser ce qui nous correspond lorsqu'on sait s'adapter aux circonstances.

L'exemple : Sébastien est technicien dans l'audiovisuel. Il aime sa liberté et il a opté pour un mode free-lance. Mais cela l'amène à changer souvent d'employeur et à supporter des périodes sans emploi. Son travail l'a conduit à apprendre de nouvelles techniques liées à l'informatique. Comme il s'est mis à apprécier ce domaine et que la demande était plus importante, il a suivi une formation et s'est spécialisé dans ces techniques créatives sur ordinateur. Depuis, Sébastien n'a plus de temps mort et n'a plus de souci pour trouver des employeurs. Il a su conjuguer les opportunités qu'offrait l'époque avec ses goûts personnels.

Votre mission de vie : « Révéler la valeur de l'adaptation par l'art de saisir les opportunités. »

→ **Vous avez tiré la Roue de Fortune**, alors osez définir ce que vous aimez et trouvez les moyens de l'obtenir tout en vous adaptant aux réalités. Cette union subtile de ce que propose le monde et de ce qui vous convient personnellement vous permet de prendre en main votre destinée et de donner un tour positif à vos choix. Soyez réaliste et actif, vous montrerez aux autres qu'il est possible de saisir la chance.

XI • LA FORCE : LA DÉTERMINATION RÉALISTE

La Force propose un chemin de réalisation volontaire. C'est celui d'une personne au tempérament déterminé qui analyse la réalité en tenant compte de ses forces et de ses désirs, afin de bien définir ce qu'elle veut vraiment et l'obtenir. La mission de la Force consiste à manifester l'union des énergies contraires et complémentaires, une union rendue stable et durable grâce à la conjugaison de forces différentes mais tenant compte les unes des autres. Cette alliance entre des éléments permet de définir un axe solide à une destinée. La Force symbolise l'union du masculin et du féminin en soi-même ainsi qu'à l'extérieur de soi. C'est de cette union que peut surgir une réalisation personnelle ainsi qu'un chemin hors du commun.

La mission de la Force est de déterminer sa juste voie, celle qui révèle sa puissance et offre la réussite. C'est la démonstration qu'il est possible d'unir ses désirs et sa volonté pour aboutir à une réalisation épanouissante. La Force montre le chemin de l'alliance des contraires.

L'exemple : Pauline est une femme divorcée qui cherche à retrouver un compagnon. Ses cercles sociaux habituels ne lui offrent pas vraiment de possibilités de faire de nouvelles connaissances. Pauline reste ouverte à une rencontre surprise dans sa vie quotidienne, mais une analyse réaliste de sa situation l'a amenée à la conclusion qu'il était sans doute nécessaire d'élargir son champ de relations. Pauline s'est donc inscrite à un groupe de randonnée et à un club de bridge, deux activités qui lui plaisent. Elle s'est fait de nouveaux amis et pense même que l'un d'eux pourrait devenir un peu plus que cela.

Votre mission de vie : « Révéler la force que donne l'union du désir et de la volonté. »

→ **Vous avez tiré la Force**, alors osez vivre l'alliance de votre esprit et de votre corps. Mettez votre volonté au service de vos désirs. Maîtrisez vos ambitions pour suivre vos capacités. Soyez entreprenant de façon réaliste. Montrez votre détermination à aller au bout de vos projets. Vous ferez la démonstration que les obstacles ne sont pas insurmontables et que l'être humain peut se réaliser comme il l'entend.

XII • LE PENDU : LA VOIE DU PHILOSOPHE

Le Pendu propose un chemin d'inspiration. C'est celui de quelqu'un qui a fait le choix d'une voie personnelle et originale en se mettant à l'écoute de ses intuitions pour s'orienter dans l'existence. En suivant cette attitude guidée par l'esprit, la personne exprime la signification des choses. Son action porte sur le sens et le spirituel. C'est une mission de passeur de mots et d'images. C'est le chemin du philosophe, du chercheur de l'âme, et de l'artiste. Le Pendu fait le lien entre l'univers de l'intuition, de l'inspiration, et le monde du concret, des réalités matérielles. C'est une position qui apporte à son entourage un regard sur le contenu des actions et leurs significations. Le Pendu dessine un chemin d'expression poétique, une vision du présent qui ouvre des perspectives pour demain.

La mission du Pendu est de porter un regard inspiré sur les réalités actuelles et de l'exprimer. Il détient la capacité de comprendre le sens de ce qui se déroule et, ainsi, de proposer un axe pour les actions à venir. C'est une sorte de prophète, au sens où il peut utiliser son esprit éclairé pour ouvrir une voie d'avenir.

L'exemple : Daniel est biologiste et travaille dans un grand laboratoire pharmaceutique. Il a mis au point une technique précise qui transforme un test proposé par ce laboratoire. Il pense que sa démarche pourrait être élargie et utilisée ailleurs, comme il le propose à son employeur. Daniel ne demande rien en échange. Pour lui, l'essentiel est d'aider la science à avancer, pas de faire du profit. Il considère qu'il est déjà payé pour cela dans le cadre de son travail, malgré ce qu'en disent ses amis. Daniel a pris une position pour être en accord avec lui-même. Il considère que, de cette façon, il pourra poursuivre ses recherches sans heurts, et c'est le plus important pour lui.

Votre mission de vie : « Révéler l'art de comprendre le sens de la vie et son évolution. »

→ **Vous avez tiré le Pendu**, alors osez imposer votre façon de voir les choses, même si cela s'oppose à l'avis de votre entourage. Votre chemin est une voie originale qui privilégie le sens des actions sur la recherche de pouvoir et de résultats. Le seul résultat qui compte est que vous soyez en accord avec vous-même, et cela a une influence beaucoup plus grande sur le plan des idées.

XIII • L'ARCANE SANS NOM : LA TRANSFORMATION CONCRÈTE

L'Arcane sans nom propose un chemin de nettoyage psychique. C'est celui d'une personne qui va à l'essentiel, sans s'embarrasser des détails. On fait un travail en profondeur pour déterrer les causes souterraines qui empêchent d'avancer dans l'existence pour les transformer. La mission de l'Arcane sans nom est d'aller de l'avant en tournant définitivement la page des vieilles idées dépassées. C'est une mission d'ancrage dans la réalité présente pour en révéler les éléments constructifs. Avec cet arcane, on utilise une force vitale qui organise et structure la matière pour la mettre en mouvement et avancer. Son énergie directe est un véritable symbole de l'envie de vivre. C'est une voie de transformation et de changement concret.

La mission de l'Arcane sans nom est de promouvoir la force de la vie, d'utiliser la vitalité pour nettoyer les scories du passé aussi bien pour l'individu que pour la collectivité. C'est une voie de transformation profonde qui ouvre sur un renouveau de l'être et de la société.

L'exemple : Mathias est maçon et maîtrise aussi plusieurs métiers du bâtiment. Il s'est spécialisé dans les techniques nouvelles, utilisant des matériaux de pointe, biologiques et naturels, ainsi que des assemblages particuliers qui renouvellent totalement la construction des bâtiments, notamment des maisons individuelles. Tester des méthodes novatrices renouvelle son intérêt pour sa profession autant que cela plaît à sa clientèle, et, de plus, cela offre des résultats très probants et durables. Mathias a conscience de vivre son métier d'une façon originale. Il aime ouvrir des voies nouvelles qui seront plus largement utilisées demain par nécessité économique et écologique.

Votre mission de vie : « Révéler l'énergie vitale, source de transformation et de renaissance. »

→ **Vous avez tiré l'Arcane sans nom**, alors osez vivre votre désir de changement profond, votre quête de renouveau. Osez tourner le dos à la tradition et mettre en œuvre vos idées concrètes d'entreprise. Vous êtes fait pour être actif et novateur. Vous savez aller à l'essentiel, et c'est une source de renouveau et de vitalité. Vous avez le don d'utiliser les énergies souterraines pour aller de l'avant et permettre aux autres d'avancer également.

XIIII • TEMPÉRANCE : L'ART DE LA DIPLOMATIE

Tempérance propose un chemin de relations sociales. C'est celui d'une personne attentive aux autres qui cherche à mettre en œuvre une bonne communication entre les gens. C'est une démarche active de mise en relation des uns avec les autres, dans l'idée de trouver une solution qui fasse consensus. C'est une recherche bienveillante et humaniste. Avec Tempérance, on met en place un réseau de communication qui rapproche les uns des autres et crée une ambiance relationnelle la plus agréable possible. Tempérance convoie un art des contacts, des décisions équitables et une façon subtile d'obtenir des résultats susceptibles de convenir à chacun. Cela nécessite une grande maîtrise des relations humaines.

La mission de Tempérance est de concilier les partis grâce à son relationnel. Il possède la capacité de déployer un art de l'échange au niveau individuel aussi bien que collectif. C'est un diplomate et un intermédiaire de grand talent.

L'exemple : Édith est agente immobilière. Dans son métier, elle sait utiliser ses capacités de négociation autant que son aptitude à comprendre les souhaits et les limites de sa clientèle. Dans sa vie privée, elle est remariée avec un homme qui a deux filles de son précèdent mariage. Elle-même a un fils. Cette famille recomposée n'est pas toujours facile à gérer. Édith doit faire preuve de doigté pour réussir leur vie commune. Il s'agit d'aplanir les conflits, de comprendre les rancœurs des uns et des autres. Elle cherche en permanence à ne léser personne, tout en gardant un espace pour sa vie de couple avec son compagnon. C'est un art véritable du relationnel et de la communication. Grâce à son sens du contact, Édith parvient à créer pour sa famille une ambiance relativement harmonieuse. Conscients de cela, les enfants comme son compagnon lui en savent gré.

Votre mission de vie : « Révéler l'importance des contacts humains pour vivre en harmonie. »

→ **Vous avez tiré Tempérance**, alors osez vivre vos capacités relationnelles et votre don pour mettre en contact des gens fort différents. Vous avez un talent de communication et un esprit très subtil pour dénouer les conflits et trouver des solutions qui créent l'unanimité. Vous êtes une personne précieuse pour la paix sociale et familiale, une guérisseuse de l'âme.

XV • LE DIABLE : LA RÉVÉLATION DES DÉSIRS

Le Diable propose un chemin où l'on exprime les profondeurs. C'est la voie d'une personne capable de révéler les énergies souterraines et de mettre au grand jour le sens de ce qui est caché. C'est un éclaireur des profondeurs, des désirs comme des capacités qui restaient dans l'ombre. Ce chemin est surprenant, car il manifeste des côtés peu connus de soi-même comme de son entourage. Des forces vitales pulsionnelles qui ouvrent sur un chemin créatif, une relation bien vécue avec les choses matérielles et notamment l'argent, la capacité de manier habilement la matière... : le Diable est capable de magnifier le matériel et d'en révéler le côté élevé et spirituel. C'est un véritable alchimiste qui transforme les choses.

La mission du Diable est de rendre à la matière et aux pulsions leur pouvoir de transformation. Le Diable élève les désirs au rang de guide de l'existence. Il exprime comment ces pulsions venues des profondeurs de l'être peuvent nous mener vers notre réalisation personnelle.

L'exemple : Gabrielle dirige les ventes d'une marque de produits de beauté. Elle anime une équipe de vendeuses réparties sur tout le territoire. Elle a de très bons résultats car elle s'appuie sur les désirs et les capacités de chacune dans son équipe. Elle comprend que certaines souhaitent

aménager leurs horaires tandis que d'autres apprécient de voyager assez loin. Gabrielle sait aussi repérer les produits qui conviennent le mieux à chaque vendeuse, ceux avec lesquels elles réalisent les meilleures présentations et les meilleures ventes. Gabrielle a revu les méthodes d'organisation en fonction des qualités de chacune, plutôt qu'en adoptant un schéma d'objectif de vente pour tous. De ce fait, elle a innové et s'est adaptée au plus près des réalités personnelles et concrètes de chacun.
Votre mission de vie : « Révéler la puissance des énergies souterraines comme guide de vie. »
→ **Vous avez tiré le Diable**, alors osez vivre votre capacité de manier les choses et les données concrètes. Vous comprenez vos désirs et ceux des autres, continuez de les utiliser pour en faire des forces. Écoutez vos impulsions, elles sont des guides pour mener vos actions et pour ouvrir des voies nouvelles pour vous et votre entourage. Soyez fier de votre puissance, elle peut servir le bien.

XVI • LA MAISON-DIEU : L'ESPRIT D'INNOVATION

La Maison-Dieu propose un chemin d'expérimentation. C'est celui d'une personne qui cherche une vérité nouvelle. C'est une démarche de scientifique à la découverte de la réalité concrète des choses. La Maison-Dieu propose de remettre en question les acquis pour aller plus loin dans la découverte de ce monde. C'est une mission de chercheur, qui accepte de ne pas suivre les idées reçues. Ce trublion apporte, avec son ouverture d'esprit et sa curiosité, une énergie de vie joyeuse. La Maison-Dieu fait de l'existence une fête. C'est un chemin d'expression aussi libre que logique, qui refuse de se laisser enfermer dans des habitudes.
La mission de la Maison-Dieu est de renverser les acquis de l'esprit et des modes de vie coutumiers pour ouvrir sur des découvertes. C'est la capacité de secouer les habitudes afin d'obtenir des solutions novatrices, tout en restant concret et logique dans sa quête.

L'exemple : Ludovic a des parents âgés. Sa mère n'est plus en mesure de s'occuper de sa maison et son père, refusant toute aide extérieure, cherche à assumer toutes les tâches. Il n'y parvient pas très bien et cela le fatigue beaucoup. Grâce à la visite d'une femme venant faire un peu de ménage, Ludovic a enfin trouvé le moyen de convaincre son père d'accepter de l'aide. L'expérience concrète du bien-fondé de cette idée a fini par avoir raison de son entêtement. Il a pu mettre en place toutes les aides nécessaires.
Votre mission de vie : « Révéler la valeur de l'expérimentation concrète et de l'ouverture d'esprit. »
→ **Vous avez tiré la Maison-Dieu**, alors osez remettre en cause les acquis et les habitudes de vie. Vous représentez l'ouverture d'esprit capable d'apporter des solutions nouvelles et de mettre en œuvre des actions concrètes mieux adaptées. Votre pragmatisme est d'une grande utilité, c'est une source de réalisation pour vous et les autres. Vous avez l'art de résoudre concrètement les problèmes.

XVII • L'ÉTOILE : L'INSPIRATION APAISANTE

L'Étoile propose un chemin de confiance en la vie. C'est celui d'une personne qui se montre telle qu'elle est, sans détours, manifestant ainsi sa confiance en l'autre. L'Étoile a une mission d'aide et de soin. Elle est capable de distiller le bien-être autour d'elle. Reposant sur l'intuition, elle apporte un sentiment de foi dans l'avenir. Elle favorise l'inspiration des artistes. C'est une mission qui met en œuvre la sensibilité et le don de soi. C'est un chemin de réalisation pour les soignants et les artistes. L'Étoile est une route tournée vers la nature, pour la protéger et pour en montrer toute la beauté et le charme. C'est une mission inspirée, grâce à laquelle on est capable de se guider de façon instinctive dans la bonne direction.
La mission de l'Étoile est de révéler la force et la beauté de la nature dans ce qu'elle porte d'espoir pour demain. Elle ouvre une voie de paix,

de douceur et de don, inspirée de l'intérieur. C'est souvent l'expression artistique ou la relation d'aide qui expriment au mieux ce chemin.

L'exemple : Éléonore est maman de deux enfants en âge de décider l'un comme l'autre de leurs orientations scolaires. Son aînée, qui vient d'avoir son bac, aimerait préparer les grandes écoles d'ingénieur mais craint de ne pas être à la hauteur des sélections d'entrée. Éléonore sait soutenir sa fille : elle peut préparer sans crainte ses concours car, même si elle échoue, elle n'aura pas perdu son temps, ce type de préparation étant précieux pour d'autres choix. Dans tous les cas, Éléonore le lui affirme : elle peut réussir. Le second, lui, est très sûr de lui et se contente du minimum pour se maintenir dans la moyenne et passer en terminale. Si son père le presse pour qu'il étudie plus, Éléonore, elle, apaise la situation. Elle a confiance en lui, il saura travailler au moment où cela sera nécessaire.

Votre mission de vie : « Révéler la valeur de l'espoir et du respect de la nature pour le bien-être. »

→ **Vous avez tiré l'Étoile**, alors osez vivre selon votre sensibilité. Écoutez vos intuitions, ce sont des guides fiables ; même si rien dans le présent ne semble les confirmer, l'avenir vous donnera raison. Vous avez la capacité d'apaiser les situations pour vous et autour de vous, sachez imposer votre façon de voir. Vos méthodes sont simples et directes, et c'est pour cela qu'elles fonctionnent.

XVIII • LA LUNE : LA RÉFLEXION FÉCONDE

La Lune propose un chemin d'imagination active. C'est celui d'une personne ouverte sur la richesse de son monde intérieur, pleine de ressources personnelles et capable d'évoluer au fil de son existence. Une façon d'intégrer son histoire passée pour faire les changements profonds qui s'accordent avec l'avenir. La mission de La Lune est d'imaginer le présent dans toute la diversité de ses formes. C'est une voie créative qui allie sensibilité et réflexion. La Lune est changeante, car elle s'adapte aux évolutions. Elle est à l'écoute des autres et sait entendre les choses cachées. La Lune a le sens du concret, car elle manie bien les affaires financières, notamment immobilières. Très ancrée sur la famille, la Lune a la faculté de maintenir les liens entre ses proches.

La mission de la Lune est d'imaginer sa vie et d'être à l'écoute des autres pour les aider à réfléchir à la leur. Son esprit profond, ouvert aux affaires collectives, familiales et sociales, apporte un éclairage différent et offre des voies d'évolution concrètes à chacun.

L'exemple : Svetlana est une jeune danseuse qui a débuté par la danse classique puis, en s'appuyant sur cette base solide, s'est tournée vers des danses plus contemporaines. Avec un groupe dont elle faisait partie, elle a tourné plusieurs séquences de danse dans un film. Svetlana n'a pas retrouvé d'autres occasions liées au cinéma mais, comme cela lui avait beaucoup plu, elle a mis sur pied un réseau de danseurs créant des vidéos sur Internet. Elle a ainsi réalisé une œuvre en vidéo qui s'est rapidement diffusée sur les réseaux sociaux. Cela lui a ouvert des portes et, aujourd'hui, Svetlana a plusieurs projets associant la danse et l'audiovisuel.

Votre mission de vie : « Révéler le rôle de l'imagination active pour rendre possibles ses rêves. »

→ **Vous avez tiré la Lune**, alors osez vivre vos rêves, vous êtes capable de les réaliser. Appuyez-vous sur votre imagination et sachez trouver les groupes qui vous conviennent et correspondent à vos espérances et à votre sensibilité. Vous avez un chemin de création et de rencontres collectives devant vous. Vous saurez rebondir et changer chaque fois que cela sera nécessaire.

XVIIII • LE SOLEIL :
LE CHARISME SOCIAL

Le Soleil propose un chemin d'entraide humaniste. C'est celui d'une personne qui a le sens du collectif et qui sait mener un groupe pour le bien-être de tous. C'est la capacité de faire la lumière sur une situation ou une relation pour la mener à son terme de façon logique. C'est l'art de diriger sa vie et son entourage avec lucidité, intelligence et bienveillance. La mission du Soleil est d'apporter sa compréhension et son sens relationnel aux autres, afin de maintenir au mieux une position présente et un échange fécond entre les personnes. Le Soleil sait conserver une situation dans ce qu'elle a de meilleur. C'est la capacité de s'exprimer avec clarté, d'avoir une place en vue et d'être reconnu pour ses qualités.

La mission du Soleil est de diriger clairement sa vie et celle des personnes dont il est responsable, afin de maintenir une entraide humaniste entre chacun. Le Soleil affirme son pouvoir pour le bien collectif. Il donne des orientations claires qui stabilisent et renforcent une situation ou une relation.

L'exemple : Benjamin vient de prendre la direction du service marketing de son entreprise, et doit se faire accepter par l'équipe en place. Prenant les devants, il a affirmé ses objectifs et ses orientations devant toute l'équipe, puis il a parlé individuellement avec chacun afin de mieux cerner les attentes et les propositions de travail de ses subalternes. Tout de suite, Benjamin s'est positionné de façon claire. Mais il a aussi mis en place une relation d'échange avec chaque personne. Cette attitude a été bien perçue par son équipe, car Benjamin l'a écoutée et a cherché avec elle à mettre en œuvre ces propositions. De ce fait, il a pris en considération le bien-être de son service en même temps qu'il développait les moyens d'atteindre les objectifs fixés par sa direction.

Votre mission de vie : « Révéler la valeur de l'entraide et l'art de diriger avec humanité. »

→ **Vous avez tiré le Soleil**, alors osez affirmer votre point de vue et prenez votre place dans la société et la famille de façon claire et déterminée. Votre chemin est de diriger une situation pour la rendre durable et solide, tout en respectant les positions de chacun. Vous avez les qualités d'un chef, agissez en accord avec vos idées et ne vous laissez pas dérouter. Vous avez un chemin de reconnaissance sociale à mener.

XX • LE JUGEMENT : LE RENOUVEAU INSPIRÉ

Le Jugement propose un chemin de renaissance. C'est celui d'une personne qui est animée d'un esprit de renouveau. Il donne du souffle et de l'ampleur aux projets, il ouvre des voies nouvelles. C'est la capacité de mener des actions sur un plan plus élevé, en prenant de la hauteur sur les choses. Cette mission est de révéler ce que peut être demain. Le Jugement donne de l'inspiration, permet d'aller plus loin et de prévoir les possibles. Le Jugement est une mission de tribun qui offre une certaine renommée. C'est une voie ouverte sur les autres qui comporte un appel vers une reconnaissance sociale et une réalisation publique.

La mission du Jugement est de faire entendre des idées nouvelles qui élèvent le débat, pardonnent les erreurs du passé et proposent un chemin de renaissance. C'est une voix qui s'adresse à une large audience, et son contenu inspiré peut être entendu et lui apporter une renommée.

L'exemple : Viviane est étudiante en sciences de la Terre. Par ailleurs, elle aime chanter et est sélectionnée pour participer à une émission télévisée de chant. Elle fait un parcours honorable, passant plusieurs épreuves de l'émission avec succès, mais ne parvient pas jusqu'à la finale. Cette expérience permet cependant à Viviane de croire en un avenir en tant que chanteuse. Avec des participants de l'émission, elle forme un groupe et travaille un répertoire. Fondatrice du projet, Viviane propose aussi un style qui remporte facilement l'adhésion des autres. Avec son nouveau groupe, Viviane connaît des débuts prometteurs. Elle a l'intention de poursuivre cette aventure aussi loin que possible.

Votre mission de vie : « Révéler la valeur de l'intuition comme guide de nos missions. »
→ **Vous avez tiré le Jugement**, alors osez écouter vos intuitions et mettez-les en œuvre. Exprimez votre façon de voir et de penser. Montrez vos qualités au grand jour car la reconnaissance vous attend. Votre chemin est de vous élever dans la société et de vous exprimer devant les autres. Vous serez bien accueilli, car votre inspiration est profitable à tous.

XXI • LE MONDE : LA RÉALISATION HARMONIEUSE

Le Monde propose un chemin de réussite sociale. C'est celui d'une personne qui sait trouver sa place dans la société tout en restant fidèle à elle-même. C'est une voie qui mène à la réalisation de ses projets au sein d'un univers harmonieux. Le Monde diffuse des sentiments heureux aussi bien pour soi que pour son entourage. C'est une mission au service des autres, qui apporte des résultats positifs pour l'évolution sociale. C'est la capacité d'entraîner des personnes différentes vers un objectif commun. Le Monde est lié aux univers collectifs et associatifs. Il s'agit de mener des actions qui correspondent à ses propres souhaits et aux besoins des autres. La mission du Monde est d'ouvrir son esprit aux autres dimensions tout en respectant son propre territoire. L'esprit de synthèse qui habite le Monde lui permet une ouverture d'esprit harmonieuse.
La mission du Monde est de rassembler des choses ou des personnes différentes dans un esprit commun afin de faire aboutir des projets. Le Monde est un réalisateur capable de mener à son terme des actions aux facettes différentes. Il possède un esprit de synthèse qui lui donne le pouvoir de bien trouver sa place dans la société et d'agir pour la collectivité.
L'exemple : Au départ, Romain était comédien de théâtre. Le cantonnant dans une dimension unique, celle de son personnage à jouer, ce métier ne lui offrait pas de vue générale du spectacle ni la possibilité de manager

un ensemble de fonctions. Romain s'est lancé dans la mise en scène avec, pour commencer, une petite équipe de deux comédiens et un technicien. Ce début réussi lui a permis de se développer. Romain s'est rendu compte qu'il pouvait gérer tout à la fois les recherches de budget et la mise en œuvre du spectacle. Ce côté multifonctions lui correspondait pleinement. Aujourd'hui, Romain a trouvé sa place et sa vocation dans le métier de la mise en scène qu'il espère pouvoir encore développer.
Votre mission de vie : « Révéler la valeur de l'esprit de synthèse qui permet de faire aboutir des choses complexes. »
→ **Vous avez tiré le Monde**, alors osez vivre votre aptitude à être au centre d'un projet, d'une activité, d'un groupe. Vous savez faire aboutir des actions aux facettes multiples. Mais vous devez rester fidèle à vous-même lorsque vous agissez pour les autres. Votre rôle est, grâce à votre esprit d'ouverture, d'unir et de coordonner, pour créer un univers plus harmonieux.

LE MAT :
LA RECHERCHE DE L'INCONNU

Le Mat propose un chemin de découverte. C'est celui d'une personne qui avance dans la vie avec un esprit ouvert et libre. C'est une véritable quête du chemin de l'humanité. Le Mat est animé par cette recherche du sens de la route de l'être humain et de son univers. Il avance pour découvrir les mystères de la vie. C'est une mission de découvreur, de celui qui ose aller vers des terrains vierges pour les visiter ou les revisiter à sa façon. Le Mat véhicule un souffle de liberté, il apporte une ouverture d'esprit débarrassée de préjugés. Il emporte toute sa culture et son histoire avec lui, ce qui lui donne la profondeur de l'humanité. Le Mat possède la capacité de traverser toutes les circonstances, car il avance toujours.
La mission du Mat est de mener une quête de l'esprit, de se libérer de toutes les contraintes qui n'ont plus lieu d'être. C'est un chercheur et un libérateur. Le Mat est l'apôtre du mouvement. Il avance dans la vie,

montrant par son exemple que le chemin est plus important que le but en lui-même. Avec le Mat, il s'agit de tracer sa route.

L'exemple : Ghislaine est retraitée de l'Éducation nationale. Mais elle poursuit ses activités de recherche dans les domaines psychologiques et elle entreprend d'écrire un livre sur l'histoire de sa famille. Elle a une grande question : pourquoi ses grands-parents ont-ils choisi de quitter leur île grecque natale pour venir en France ? Quelles conséquences cela a-t-il eu sur la vie de chacun ? Cette interrogation sur le sens de son histoire familiale mène alors Ghislaine sur questions plus vastes : qu'est-ce qui motive chaque personne dans son existence ? La quête de Ghislaine l'amène à poursuivre un cheminement intérieur qui saura sans doute intéresser d'autres personnes à travers son livre.

Votre mission de vie : « Révéler la valeur d'un chemin de libération ouvert sur l'inconnu. »

→ **Vous avez tiré le Mat**, alors osez vivre votre route personnelle, même si vous ne savez pas où elle vous mène, ayez confiance en vous. Vous avez l'âme d'un chercheur, d'un pionnier qui va à la découverte du monde intérieur et extérieur. Vous êtes fait pour les grandes traversées, de celles qui nous concernent tous. Sur ce chemin, la joie vous accompagne.

CHAPITRE 4

LA LUMIÈRE COMPLÉMENTAIRE DES ARCANES MINEURS

Les arcanes mineurs sont les cartes à jouer que nous connaissons bien ; ils sont constitués des 4 familles contenant les cartes de l'as au X et les 4 personnages de cour, le valet, le cavalier, la reine et le roi, soit 56 arcanes au total. Pas de cœur, carreau, pique et trèfle, mais le denier, le bâton, l'épée et la coupe, chacun représentant un domaine de la réalité. Chaque nombre et chaque personnage porte également une signification.

Aux côtés des significations traditionnelles de ces arcanes, j'adjoins une relation avec les types psychologiques définis par C. G. Jung. Ces correspondances permettent de comprendre et d'utiliser les arcanes mineurs dans le cadre d'un travail de découverte de soi et d'évolution personnelle.

Les arcanes mineurs apportent aux arcanes majeurs une application concrète. Ils permettent de déterminer à quel domaine ou à quel univers (univers fait de matière, de projet et de désir, de parole et d'idées, ou enfin de sentiments et de relations) les conseils des arcanes majeurs pourront particulièrement s'appliquer. Ainsi, par exemple, un Bateleur associé à un as de denier va exprimer une action qui débute ou un projet de vie nouveau dans un domaine très concret, alors que le Bateleur avec un as de bâton désignera un désir nouveau ; avec un as d'épée, ce sera une idée nouvelle ; et avec un as de coupe, une relation nouvelle. Ce chapitre présentera, dans un premier temps, la signification des arcanes mineurs. Dans un second temps sera présentée l'utilisation des arcanes mineurs associés aux différents tirages des arcanes majeurs. Ainsi pourrez-vous utiliser le tarot au complet pour obtenir des réponses riches.

LES SIGNIFICATIONS DES FAMILLES DANS LES ARCANES MINEURS

Les quatre familles d'arcanes mineurs, les deniers, les bâtons, les épées, les coupes, symbolisent chacun un domaine de la réalité. Selon leur position dans le tirage (en carte 1, 2 ou 3), leur lecture sera soit positive, soit négative.

✶ Les deniers, le domaine des sensations

Les deniers sont liés à l'élément terre. Ils représentent le monde matériel et concret. Ils sont solides, tenaces, déterminés. Mais ils sont également lents, lourds et sérieux. Ils symbolisent les réalisations tangibles, concrètes et matérielles. Ils sont porteurs de fécondité et de vie. Il est question avec les deniers du monde de l'argent, des réalisations et actions concrètes, des personnes et des enfants dans leurs dimensions matérielles, du corps et de la santé, des biens matériels et lieux de vie, de la nourriture et de la terre. Ce sont des arcanes liés au présent.

Dans leur position positive dans un tirage, les cartes de deniers donnent de la force, du courage, de la détermination, des capacités actives et le sens des réalités.

Tirées en position négative et en problématique, les cartes de deniers expriment des obstacles matériels, les difficultés de passer à l'action, la lenteur, l'engluement dans de petites choses, des peurs.

✶ Les bâtons, le domaine de l'intuition

Les bâtons sont liés à l'élément feu. Ils symbolisent la créativité, le désir et la sexualité. Ils représentent les capacités constructives et de transformation. Ils sont légers, mobiles et dynamiques. Mais ils sont aussi changeants, indécis et destructeurs. Ils symbolisent les désirs et les dons, ils sont adaptables et sociables, ils ouvrent des portes nouvelles. Avec les bâtons, il est question de créer, de vivre ses désirs, de joie et de piment dans l'existence. Les changements sont à l'ordre du jour et le renouvellement apporte des voies nouvelles. Ce sont des arcanes ouverts sur l'avenir.

Tirées en position positive, les cartes de bâtons expriment la capacité créative, le sens du changement, la joie de vivre et les plaisirs.

Tirées en position négative et en problématique, les cartes de bâtons expriment les désirs contrariés, les capacités mises sous le boisseau, la sexualité refoulée et mal vécue.

✶ Les épées, le domaine de la pensée

Les épées sont liées à l'élément air. Elles symbolisent l'univers de la pensée, de l'intellect et du mental jusqu'aux grandes conceptions philosophiques. Les épées représentent l'intelligence, la compréhension et les orientations et objectifs que l'on se donne. Elles sont liées à la volonté et à l'affirmation de soi, ainsi qu'à la détermination et à la vivacité d'esprit, aux capacités de réussite en société. Les épées sont légères, actives, déterminées et joyeuses. Mais elles sont aussi tranchantes, dures et rapides. Elles symbolisent les pensées, les paroles et les écrits. Avec les épées, nous ouvrons les portes de l'expression, de l'échange et de la mise en œuvre en société de ses talents. Vives et batailleuses, les épées expriment nos ambitions.
Tirées en position positive, les cartes d'épées expriment notre capacité à nous exprimer par le verbe, notre intelligence des situations et nos réflexions, notre combativité.
Tirées en position négative et en problématique, les cartes d'Épées expriment notre difficulté à nous exprimer, les paroles blessantes, l'agressivité et les conflits.

✶ Les coupes, le domaine des sentiments

Les coupes sont liées à l'élément eau. Elles symbolisent l'univers des sentiments, des émotions et de tout ce qui est sensible. Les coupes représentent les élans du cœur, la nature des sentiments et le contenu des relations humaines. Elles sont liées au domaine affectif et spirituel, elles créent des liens et apportent un ressourcement facteur de vitalité. Mais elles sont aussi insaisissables, lentes et informes. Elles sont porteuses d'un fluide intuitif. Elles mettent les personnes et les choses en relation. Avec les coupes, nous ouvrons les portes du cœur et de l'univers imaginaire, spirituel et sensible.

Tirées en position positive, les cartes de coupes expriment nos capacités affectives, spirituelles, nos liens avec autrui, nos choix du cœur, la force de nos sentiments.
Tirées en position négative et en problématique, les cartes de coupes expriment nos hésitations, nos émotions troubles, nos souffrances et nos désamours.

UN TIRAGE TEST DES FORCES ET DES FAIBLESSES POUR CONNAÎTRE SA RELATION À CES 4 DOMAINES DE VIE

Comment vivez-vous chacune des 4 familles ? Pour mieux vous connaître et éclairer vos fragilités afin de les transformer, ce tirage des arcanes mineurs vous propose de regarder le ou les domaines où vous êtes à l'aise ou bien en difficulté.

→ Séparez chaque famille, vous obtenez quatre tas de 14 cartes. Brassez chaque tas puis tirez une carte par famille ; vous obtenez une réponse pour chaque élément, le denier lié à la terre et à la sensation, le bâton lié au feu et à l'intuition, l'épée liée à l'air et à la pensée et la coupe liée à l'eau et au sentiment.
→ Reportez-vous à l'interprétation p. 205 à 209 pour faire votre lecture. Attention : une carte tirée à l'envers devra être interprétée dans sa face négative.

Par exemple :
Denier : III de denier à l'endroit. Vous avez le sens des actions dynamiques et constructives.
Bâton : valet de bâton à l'envers. Vous avez tendance à trop vous mettre au service des autres.
Épée : VIIII d'épée à l'envers. Vous ne voyez pas toujours clair dans vos idées et vos intentions.
Coupe : IIII de coupe à l'endroit. Vous êtes fidèle en amour et en amitié.

LE SENS DES CHIFFRES ET DES PERSONNAGES DANS LES ARCANES MINEURS

L'interprétation des arcanes mineurs se fait donc en croisant le sens des familles et des nombres ou des personnages. Prenons l'exemple de l'as de denier. L'as symbolise le commencement. Le denier représente le domaine du concret et de l'action, donc l'as de denier exprime un commencement concret et une action qui débute. Pour interpréter ces cartes, adaptez le sens de chaque nombre au domaine de chacune des quatre familles d'arcanes mineurs.

✶ La signification des nombres

I : le commencement (actif, masculin)
Le début de l'œuvre, le projet, l'énergie première, l'origine, le commencement, l'esprit se manifeste, l'unité, le père, le phénomène de la vie.

II : la matière (réceptif, féminin)
La puissance, l'incarnation, le couple, l'alliance, la mère, la sagesse, la dualité, la nature, la matière, le corps.

III : l'esprit (actif, masculin)
L'esprit, l'évolution, la trinité, l'intelligence, l'énergie motrice, l'enfant, l'avenir, la conscience, la volonté, la dynamique.

IIII : la terre (réceptif, féminin)
La terre, les forces primaires, les fonctions humaines, la quaternité, la quête, la création, les quatre saisons, l'autorité.

V : l'humanité (actif, masculin)
L'homme, les directions, les éléments, l'orientation choisie, la méthode, la transformation, le sens, l'esprit actif.

VI : l'amour (réceptif, féminin)
L'amour, le sentiment, l'émotion, les choses importantes et sacrées, la réalité supérieure, la conscience éclairée, les conceptions de vie.

VII : les honneurs (actif, masculin)
La santé, la réussite personnelle, l'âge adulte, l'initiation, les honneurs, les pouvoirs, la maîtrise, les cycles de la vie, l'homme dans l'univers, la vérité révélée.

VIII : la puissance (réceptif, féminin)
La puissance, la loi, l'harmonie, la voie du milieu, les espoirs, les désirs, les fondements, l'histoire, l'infini, la perfection, l'idéal.

VIIII : la culture (actif, masculin)
Les arts, la philosophie, l'homme cultivé, l'esprit supérieur, la conscience élevée, la destinée, l'ordre caché des choses, la résurrection.

X : l'aboutissement (réceptif, féminin)
Le plan supérieur, la réalisation, la totalité, l'aboutissement, les enseignements, les métamorphoses, la maîtrise de l'esprit, le rythme vital.

✶ La signification des personnages

Les valets : l'énergie créative, le commencement, l'humilité, le service, la force morale, l'étude, l'enfance, la pureté.

Les cavaliers : la force dynamique, l'évolution, le cheminement, l'énergie active, la jeunesse, le mouvement, l'espoir, l'élan vital.

Les reines : la concentration, la préparation, la maîtrise, la stabilité, la force morale, l'âge adulte, le bénéfice, le plaisir.

Les rois : la réalisation, l'aboutissement, la responsabilité, la puissance, le conseil, l'âge mûr, le charisme, le pouvoir actif, le monde.

✶ Un tirage avec les arcanes mineurs : la traversée vers sa mission de vie

Ce tirage permet de définir les domaines de la vie sur lesquels porter son attention et son travail d'évolution personnelle pour atteindre une rive plus ferme et plus adaptée à sa personnalité profonde.
Brassez les 56 cartes toutes ensemble et tirez trois cartes à l'endroit.
Pour effectuer cette traversée, la carte 1 exposera votre force, la carte 2 votre fragilité, et la carte 3 donnera le conseil pour dépasser votre fragilité et arriver à bon port.

Par exemple :

II de denier : la force du consultant est dans sa détermination concrète et son sens des réalités matérielles.
Reine de bâton : la fragilité du consultant est d'être trop sensible aux désirs des uns et des autres, il a tendance à trop écouter autrui.
Cavalier de denier : le conseil est de suivre son chemin concret en se concentrant sur les actions et les faits. L'action et la dynamique sont ses alliés.

RÉSUMÉ DE L'INTERPRÉTATION DES 56 ARCANES MINEURS

DENIER

Roi de denier : un pouvoir matériel, une réalisation concrète.
Reine de denier : une réflexion concrète, une position d'autorité matérielle.
Cavalier de denier : une dynamique d'action matérielle, une énergie physique.
Valet de denier : un service concret, une création matérielle.
X de denier : un résultat concret, une étape décisive.
VIIII de denier : une étude réussie, un professeur érudit.
VIII de denier : un contrat utile, une harmonie matérielle.
VII de denier : une réussite matérielle, un diplôme acquis.
VI de denier : une relation durable, un choix important.
V de denier : un choix concret, un homme entreprenant.
IIII de denier : une situation stable, un lieu de travail.
III de denier : une action qui transforme, une idée concrète.
II de denier : un couple, une femme accueillante.
As de denier : un projet concret, une naissance.

BÂTON

Roi de bâton : un poste de pouvoir, une entreprise active.
Reine de bâton : une œuvre accomplie, une création reconnue.
Cavalier de bâton : une activité dynamique, un changement.
Valet de bâton : une évolution personnelle, un service efficace.
X de bâton : une réussite professionnelle, une création.
VIIII de bâton : une opportunité à saisir, une œuvre d'art.
VIII de bâton : la récompense de ses efforts, des désirs qui se réalisent.
VII de bâton : une créativité révélée, une confiance en soi nouvelle.
VI de bâton : une relation passionnée, une vie harmonieuse.
V de bâton : un choix d'orientation réussie, une transformation utile.
IIII de bâton : une position d'autorité reconnue, un travail solide et des responsabilités.
III de bâton : un projet créatif, une communication dynamique.
II de bâton : un soutien, une base solide pour un projet.
As de bâton : une idée créative porteuse, le commencement d'une activité.

ÉPÉE

Roi d'épée : un pouvoir de responsabilité civique, des idées reconnues.
Reine d'épée : une influence sur des décisions, la mémoire des choses.
Cavalier d'épée : une méthode active, des changements de conceptions.
Valet d'épée : une compréhension utile, un service social.
X d'épée : une bataille gagnée, une réalisation intellectuelle.
VIIII d'épée : une philosophie reconnue, une pensée créatrice.
VIII d'épée : une vision harmonieuse, une belle histoire.
VII d'épée : une réussite intellectuelle, une intelligence active.
VI d'épée : une relation d'esprit, une conception commune.
V d'épée : une méthode efficace, une formation utile.
IIII d'épée : une connaissance solide, une intelligence reconnue.
III d'épée : un projet culturel, une expression publique.
II d'épée : une association d'idées, une connaissance de soi.
As d'épée : une idée lumineuse, une ouverture d'esprit.

COUPE

Roi de coupe : une position de pouvoir moral, un chef de famille.
Reine de coupe : une autorité bienveillante, un lieu d'accueil.
Cavalier de coupe : des relations sociales actives, une vie amoureuse.
Valet de coupe : des sentiments profonds, un amour partagé.
X de coupe : une famille épanouie, une réussite sociale.
VIIII de coupe : une recherche humaniste, une activité sociale reconnue.
VIII de coupe : une relation harmonieuse, un mariage heureux.
VII de coupe : une vie relationnelle réussie, un choix bien adapté à soi.
VI de coupe : une association bénéfique, une guérison psychologique.
V de coupe : une transformation personnelle, une meilleure confiance en soi.
IIII de coupe : une famille unie, une responsabilité assumée.
III de coupe : une naissance, l'évolution d'une relation.
II de coupe : un couple réussi, un sentiment partagé.
As de coupe : un nouvel amour, une vie en accord avec soi-même.

LES TIRAGES DE TAROT AVEC LES ARCANES MAJEURS ET MINEURS

Vous pouvez à présent reprendre les différents tirages d'arcanes majeurs proposés dans les chapitres précédents en y ajoutant les arcanes mineurs. Toutefois, il est nécessaire de séparer les tirages : d'une part le tirage avec les 22 arcanes majeurs, d'autre part le tirage avec les 56 arcanes mineurs, car l'un et l'autre ont une fonction différente. On fera donc deux fois le tirage.

LES TIRAGES DU CHEMIN D'EXPLORATION DE VIE AU LONG DES 22 ARCANES MAJEURS

(chapitre 1)

Il s'agissait d'effectuer un tirage sur 3 cartes par arcane majeur afin de définir la problématique qu'il soulève pour soi.

Préparation : le consultant choisit ou tire un arcane majeur pour déterminer son champ de réflexion et de travail. Par exemple, il tire l'arcane majeur V, le Pape. Il s'interrogera donc sur le sens des valeurs, la famille, les apprentissages, ses règles de vie (suffisamment ouvertes mais avec des limites raisonnables), à appliquer à soi-même et à faire respecter par son entourage.

Réalisation du tirage : puis le consultant remet l'arcane du Pape dans le jeu et tire 3 arcanes majeurs puis 3 arcanes mineurs qu'il place en correspondance : chaque arcane majeur aura un arcane mineur à ses côtés qui le complète.

Exemple de tirage :

Carte 1 : comment bien agir ou bien se positionner pour vivre au mieux le domaine en question (ici, dans l'exemple, le domaine du Pape)		
Arcane majeur		Pour être en accord avec ses propres valeurs, le consultant a intérêt à sortir des sentiers battus et traditionnels et à chercher des voies nouvelles.

Arcane mineur		Il pourra le faire dans un domaine créatif en développant sa confiance en lui.
Carte 2 : ce qu'il n'est pas bon de faire ou la tentation à éviter dans ce domaine (ici, dans l'exemple, toujours le domaine du Pape)		
Arcane majeur		Il est utile de faire attention à ce que l'on exprime, les mots peuvent dépasser sa pensée. De plus, rester trop sur son mental et ses idées reçues n'est pas une bonne chose, le consultant peut apparaître comme trop donneur de leçons.
Arcane mineur		Les sentiments et les émotions peuvent vous jouer des tours et ne pas être de bons conseillers, les leçons données sont parfois irréalistes ou trop idéalistes.

Carte 3 : le conseil pour éviter les pièges exprimés dans la carte 2 (toujours dans le domaine du Pape)		
Arcane majeur		Il est bon de se poser des questions et, tout en restant fidèle à soi-même, de savoir être souple et de s'adapter aux circonstances, donc de ne pas camper sur des valeurs acquises.
Arcane mineur		La réalité concrète possède une logique et une harmonie qui peuvent donner des clés pour se positionner, plutôt que d'écouter les idées reçues et les valeurs d'une éducation trop contraignantes.

Ce tirage peut s'effectuer sur chacun des 22 arcanes majeurs, représentant 22 domaines de vie.

LES TIRAGES DES DÉFIS DE VIE

(chapitre 2)

✶ Grand tirage de l'ombre

Il se réalise par un tirage de 3 arcanes majeurs auxquels on va ajouter 3 arcanes mineurs. Puis nous irons chercher les complémentaires de ces cartes (p. 67 pour les complémentaires des majeurs et ci-dessous pour les complémentaires des mineurs) pour éclairer le chemin de leur résolution.

Arcanes mineurs	
OMBRE	COMPLÉMENTAIRE
as de denier	X de bâton
II de denier	VIIII de bâton
III de denier	VIII de bâton
IIII de denier	VII de bâton
V de denier	VI de bâton
VI de denier	V de bâton
VII de denier	IIII de bâton
VIII de denier	III de bâton
VIIII de denier	II de bâton
X de denier	as de bâton
valet de denier	roi de bâton
cavalier de denier	reine de bâton

reine de denier	cavalier de bâton
roi de denier	valet de bâton

as d'épée	X de coupe
II d'épée	VIIII de coupe
III d'épée	VIII de coupe
IIII d'épée	VII de coupe
V d'épée	VI de coupe
VI d'épée	V de coupe
VII d'épée	IIII de coupe
VIII d'épée	III de coupe
VIIII d'épée	II de coupe
X d'épée	as de coupe
valet d'épée	roi de coupe
cavalier d'épée	reine de coupe
reine d'épée	cavalier de coupe
roi d'épée	valet de coupe

Exemple de tirage :

<table>
<tr><th colspan="4">Carte 1 : l'ombre proche de la conscience</th></tr>
<tr><td colspan="2">ARCANE MAJEUR</td><td colspan="2">ARCANE MINEUR</td></tr>
<tr><td>Dans l'ombre :

</td><td>Le consultant tend à refouler ce qu'il pense et n'exprime pas son jugement, d'où des incompréhensions avec les autres.</td><td>Dans l'ombre :

</td><td>Cela se manifeste surtout dans ses actions concrètes. Lorsqu'il agit, le consultant rencontre une certaine incompréhension et donc des obstacles.</td></tr>
<tr><td>Complé-mentaire :

</td><td>Le consultant, s'il se met à l'écoute de lui-même et de son véritable ressenti, s'il se respecte plus, rencontrera plus de respect aussi à l'extérieur.</td><td>Complé-mentaire :

</td><td>Être plus proche de ses qualités créatives et à l'écoute de ses capacités intuitives servira le consultant dans ses démarches, qui seront moins précipitées.</td></tr>
<tr><th colspan="4">Carte 2 : l'ombre profonde</th></tr>
<tr><td colspan="2">ARCANE MAJEUR</td><td colspan="2">ARCANE MINEUR</td></tr>
<tr><td>Dans l'ombre :

</td><td>Un sentiment de vulnérabilité profonde empêche le consultant de se sentir légitime et dans le bien-être.</td><td>Dans l'ombre :

</td><td>Cela s'accompagne d'une certaine agressivité verbale et de nervosité.</td></tr>
</table>

<table>
<tr><td>Complé-mentaire :
</td><td>En développant une reconnaissance de ses qualités et valeurs, le consultant peut y remédier.</td><td>Complé-mentaire :
</td><td>Cela peut s'atténuer en prenant conscience de ce que le consultant aime dans la vie et en allant vers des relations plus respectueuses qui construisent un environnement plus sécurisant.</td></tr>
<tr><td colspan="4">Carte 3 : Conseil pour se libérer</td></tr>
<tr><td colspan="2">ARCANE MAJEUR</td><td colspan="2">ARCANE MINEUR</td></tr>
<tr><td></td><td>Une porte s'ouvre sur les événements. Cela incite à s'adapter aux réalités extérieures, à s'ouvrir sur les autres, à saisir les opportunités, renforçant ainsi la confiance en soi.</td><td></td><td>Connaître ses désirs crée une base solide : appuyez-vous sur eux et sentez la puissance qu'ils donnent.</td></tr>
<tr><td>Complé-mentaire :
</td><td>Savoir attendre le bon moment pour s'exprimer, c'est mettre de son côté des atouts pour gagner l'attention des autres.</td><td>Complé-mentaire :
</td><td>S'exprimer de façon concrète permet de se faire mieux comprendre.</td></tr>
</table>

✶ Tirage de la problématique

C'est un tirage sur une carte d'arcane majeur, complétée par une carte d'arcane mineur pour définir la problématique du moment du consultant. Le chemin de la résolution se trouve dans la carte complémentaire (voir p. 67 pour les majeurs et p. 214 pour les mineurs).

Exemple de tirage :

Carte 1 : la problématique du moment			
ARCANE MAJEUR		ARCANE MINEUR	
Dans l'ombre : 	Le consultant cherche trop la perfection dans sa façon d'être et dans ce qu'il fait, cela tend à le bloquer et lui donne un côté trop rigide.	**Dans l'ombre :** 	Le roi d'épée donne une pensée dominante à laquelle le consultant se réfère ou sous la coupe de laquelle il vit. Dans les deux cas, cela le bloque car la comparaison est toujours à son désavantage.
Complé-mentaire : 	Un peu de modération et la capacité de relativiser sont utiles pour contrecarrer la tendance perfectionniste. De plus, se rendre disponible aux autres et entretenir de bonnes relations avec autrui permettent de sortir d'un regard trop centré sur soi-même.	**Complé-mentaire :** 	Se mettre au service de la vie et des autres permet de sortir du cercle vicieux des comparaisons. Il s'agit d'accepter la position humble de celui qui apprécie ce qu'il fait, la situation et les relations qu'il peut vivre.

LE TIRAGE
DE LA MISSION DE VIE

(chapitre 3)

Ce tirage comporte une carte d'arcane majeur que l'on complète par une carte d'arcane mineur. Les complémentaires (voir p. 67 pour les majeurs et p. 214 pour les mineurs) viennent ici préciser le chemin à entreprendre et donner les clés pour parvenir à réaliser sa mission de vie dans une certaine période de son existence.

Exemple de tirage :

ARCANES MAJEURS			
	Il s'agit de chercher des vérités profondes. C'est le rôle du révélateur, qui déterre les secrets, manifeste ce qui est caché, exprime haut et fort les désirs et aide à se détacher de tout ce qui entrave la pulsion de vie.	**Complé-mentaire :** 	Il est aidé dans cette voie par le sentiment de son individualité, l'acceptation de sa route personnelle. Son indépendance d'esprit conforte le consultant dans sa détermination à montrer ce dont il est capable.
ARCANES MINEURS			
	Avoir confiance et assumer ses choix personnels, écouter son intuition pour trouver les solutions créatives.	**Complé-mentaire :** 	S'entourer des personnes susceptibles d'apporter soutien et aide aux projets du consultant.

CONCLUSION

Vous avez parcouru ce livre, et vous avez pu faire l'expérience de l'utilisation des symboles du tarot pour votre évolution personnelle, pour mieux vivre votre vie. Utiliser le tarot est une façon de révéler une loi souterraine qui favorise le processus d'individuation de chacun, comme l'a défini C. G. Jung. C'est aller dans le sens de sa réalisation personnelle, en accord avec soi-même et avec la société. Devenir ce que nous pouvons devenir. Lâcher les illusions, se dégager des actions et façons d'être inutiles ou nuisibles, se libérer de certains complexes et de certaines peurs. Avec le tarot, vous pouvez suivre les étapes de votre évolution. Ce livre vous a proposé trois grandes étapes qui constituent un cycle de transformation. Vous pourrez le parcourir plusieurs fois dans votre existence. Voici le récapitulatif de votre parcours pour vous permettre de mieux l'intégrer.

La première étape (le plan matériel et concret) : devenir ce que nous sommes au plan de la réalité concrète, accepter qui nous sommes. Cette étape se réalise au travers d'un questionnement pertinent et portant sur le présent (chapitre 1).

Deuxième étape (le plan psychologique) : incarner nos conceptions de vie, notre éthique, nous libérer des carcans de l'éducation. Cette étape est centrale dans le processus de transformation. Elle comporte la prise de conscience de la problématique de vie prête à être résolue et son axe de résolution (chapitre 2).

Troisième étape (le plan de l'esprit) : trouver sa place et sa fonction sociale, devenir ce que nous pouvons être dans la société et le monde, apporter notre touche personnelle aux autres. Cette étape est essentielle, car elle révèle votre essence, ce qui vous constitue et porte la marque de votre mission de vie. C'est une perspective d'avenir qui vous dirige et vous soutient comme un pilier intérieur (chapitre 3).

Ce parcours forme un cycle que vous accomplirez plusieurs fois dans votre vie. Le début d'un nouveau cycle (avec le retour à la première étape) vous ramène de nouveau à vous-même, mais pas à zéro : vous vous situerez à un niveau différent, plus élevé, car il comportera les acquis de votre expérience. De ce fait, cela va modifier votre façon d'être et d'agir.
Vous pouvez donc parcourir ce livre à de multiples reprises. Car le tarot sera votre guide pour mieux comprendre et intégrer votre chemin. Savoir lire le tarot dans sa dimension de développement personnel, c'est faire l'expérience du soutien précieux qu'il constitue, dans votre quête de vous-même comme de votre réalisation dans le monde.

REMERCIEMENTS

Je souhaite remercier Bruno Garel pour son soutien éclairé, mes proches et amis, Mathieu, Delphine, Joris, Caroline, Michelle, Chantale, Monique, Christine, Florence, Philippe, Maria-Victoria, Vincent et les autres, pour leur présence à mes côtés. Je remercie mon éditrice qui me suit avec fidélité, et Gwladys Greusard en particulier pour son aide précieuse.

Je dédie ce livre à la mémoire de Michel Noë, qui a pleinement rempli sa mission de vie.

SIMONE BERNO

Simone Berno a été psychothérapeute jungienne durant plus de quinze ans. Elle anime aujourd'hui des stages d'initiation et de formation aux tarots. Elle est reconnue pour sa méthode qui allie une démarche rationnelle et une intuition fine et créative.

www.simoneberno.net

Direction
Jean-Louis Hocq

Direction éditoriale
Marion Guillemet-Bigeard

Directeur de collection
Bruno Garel

Édition
Gwladys Greusard

Création graphique
Guylaine Moi

Cartes
Christophe Moi, à partir du tarot Conver

Correction
Michèle Aguignier

Fabrication
Laurence Duboscq

ISBN : 978-2-263-17532-9
Code éditeur : L17532
Dépôt légal : octobre 2021

Imprimé en Chine par Toppan

Solar, un département d'Édi8
92, avenue de France
75013 Paris

ROI DE COUPE

REINE DE COUPE

CAVALIER DE COUPE

VALET DE COUPE

X DE COUPE

VIIII DE COUPE

VIII DE COUPE

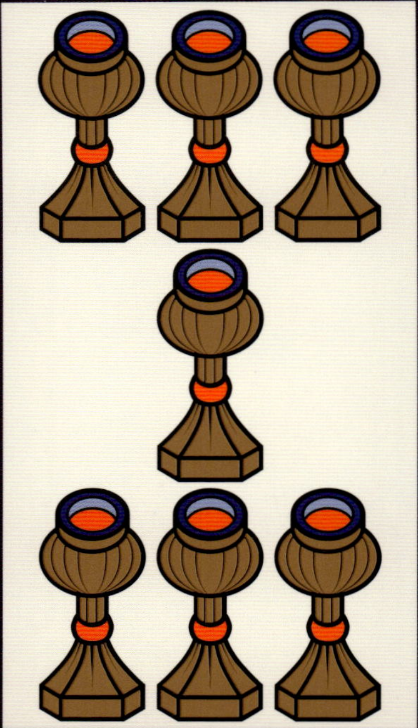

VII DE COUPE

VI DE COUPE

V DE COUPE

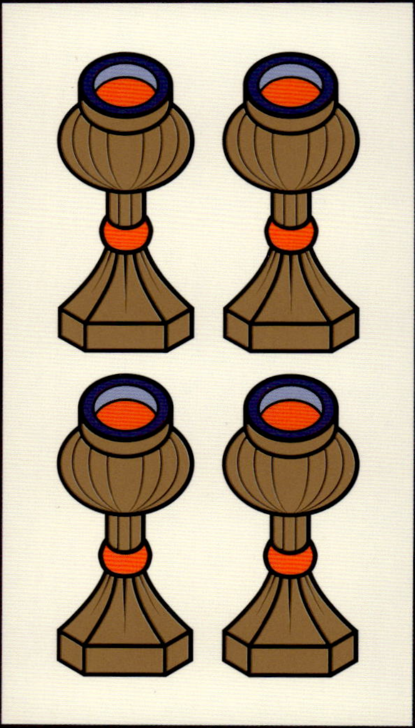

IIII DE COUPE

III DE COUPE

II DE COUPE

AS DE COUPE

ROI D'ÉPÉE

REINE D'ÉPÉE

CAVALIER D'ÉPÉE

VALET D'ÉPÉE

X D'ÉPÉE

VIIII D'ÉPÉE

VIII D'ÉPÉE

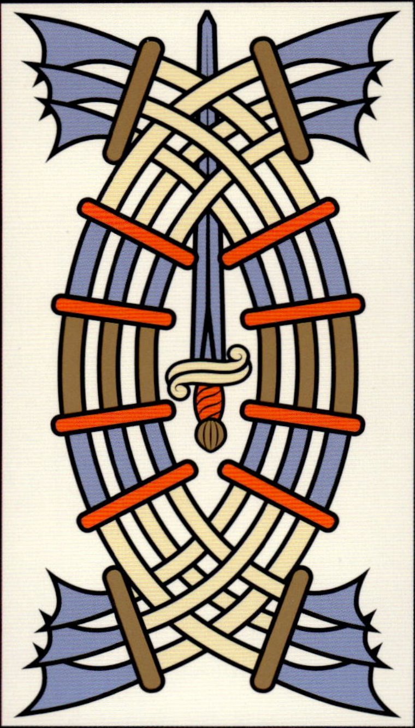

VII D'ÉPÉE

VI D'ÉPÉE

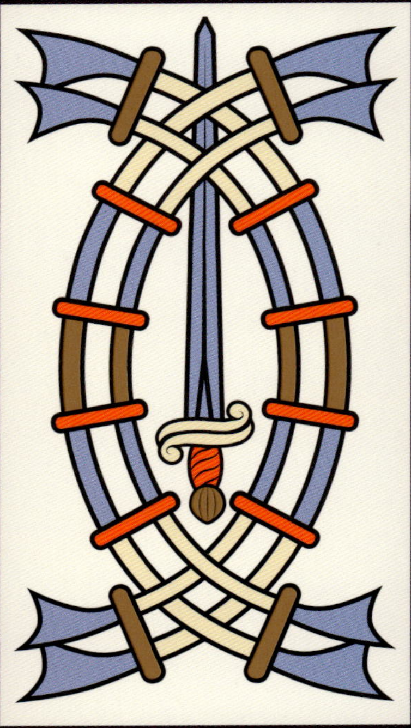

V D'ÉPÉE

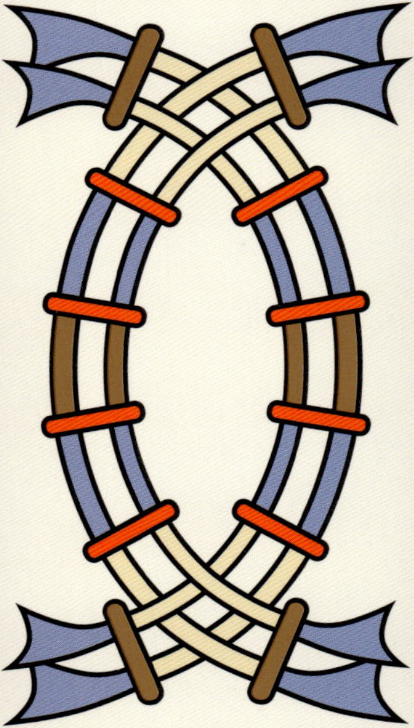

IIII D'ÉPÉE

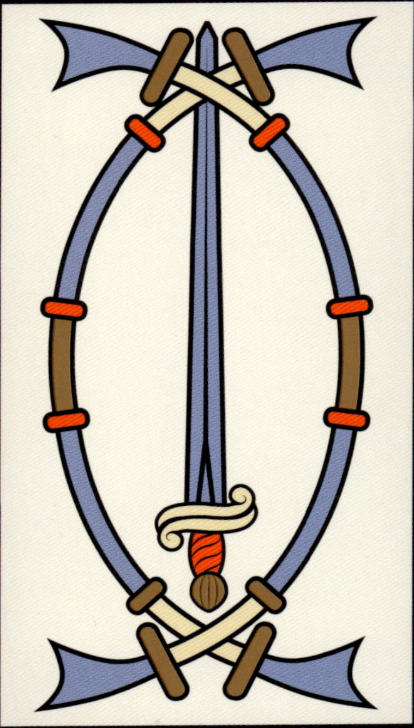

III D'ÉPÉE

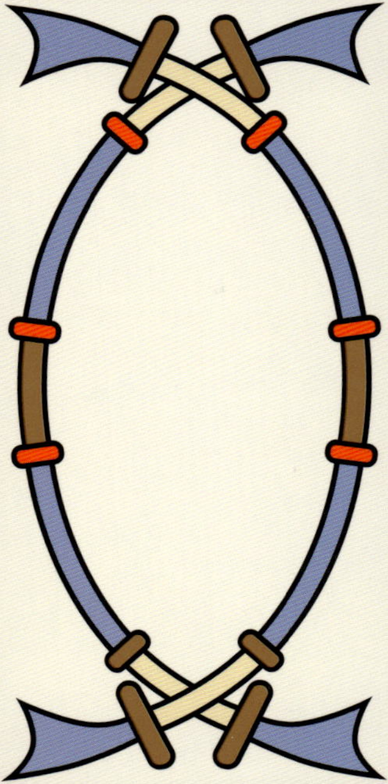

II D'ÉPÉE

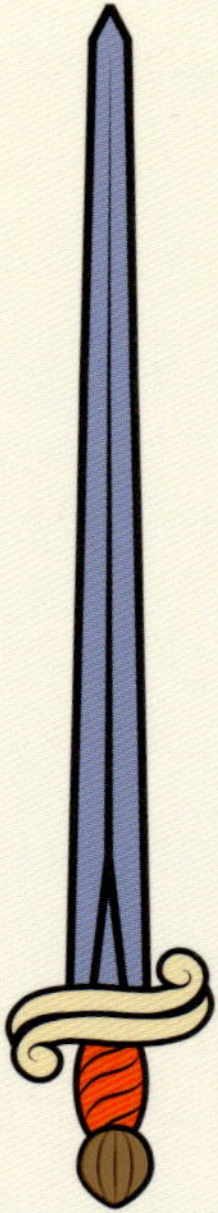

AS D'ÉPÉE

ROI DE BÂTON

REINE DE BÂTON

CAVALIER DE BÂTON

VALET DE BÂTON

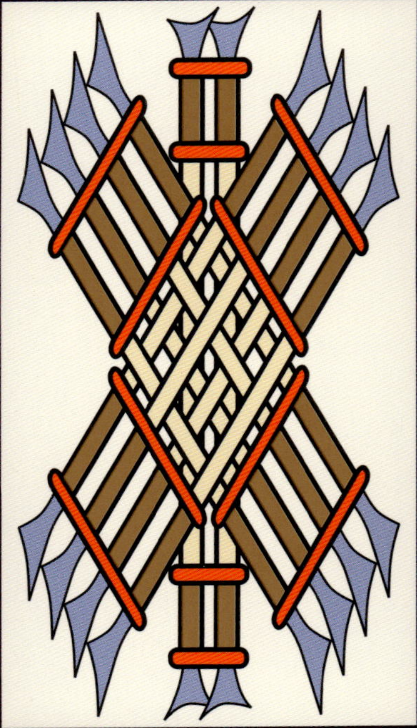

X DE BÂTON

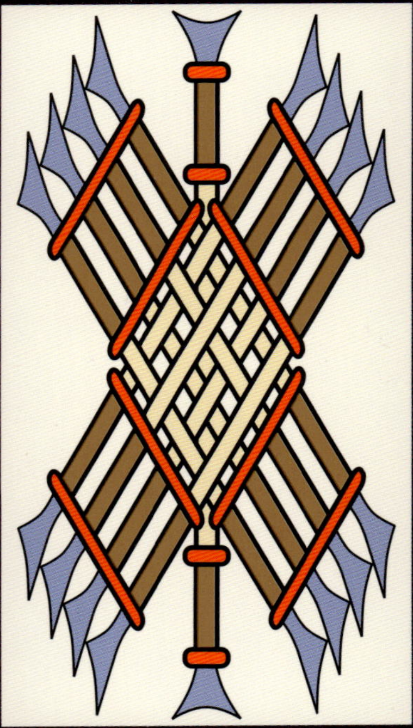

VIIII DE BÂTON

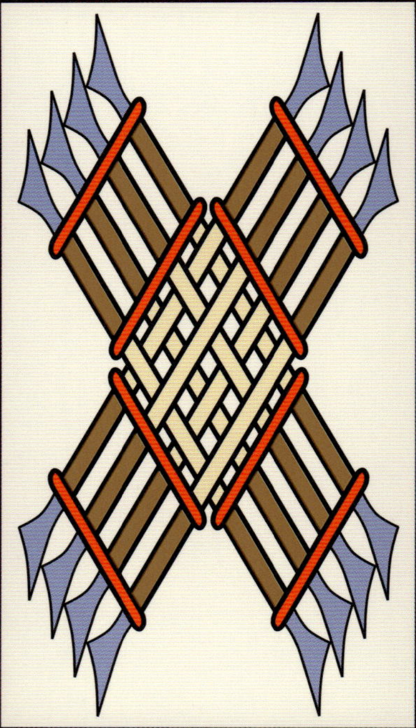

VIII DE BÂTON

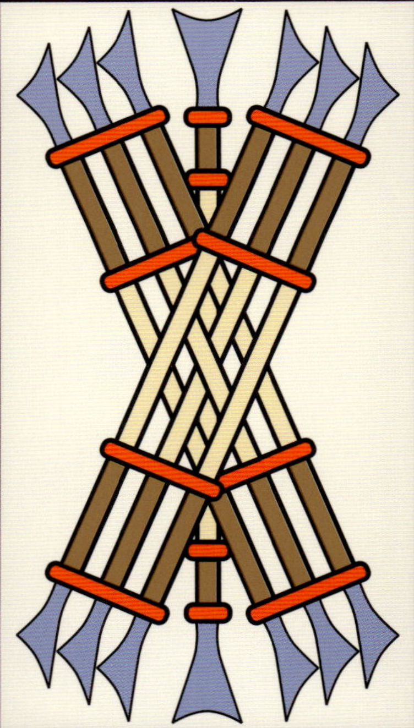

VII DE BÂTON

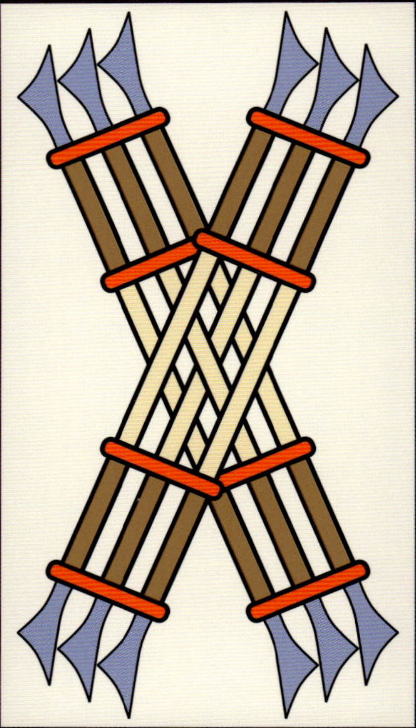

VI DE BÂTON

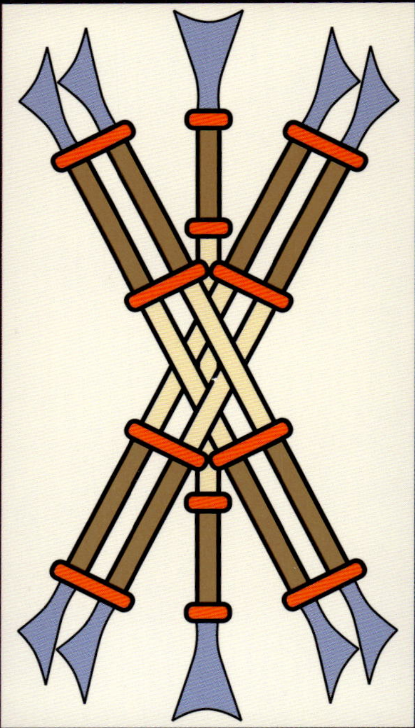

V DE BÂTON

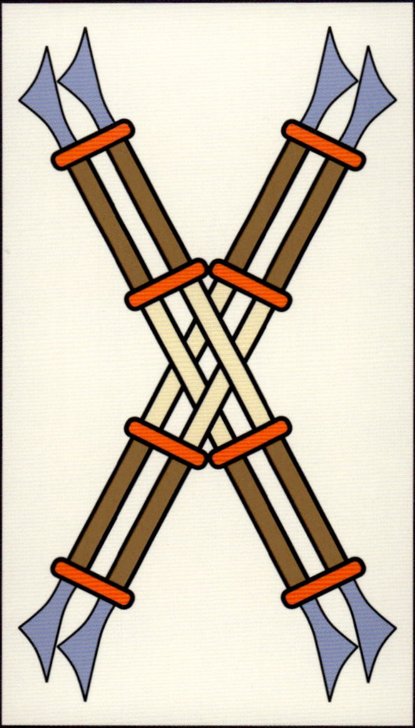

IIII DE BÂTON

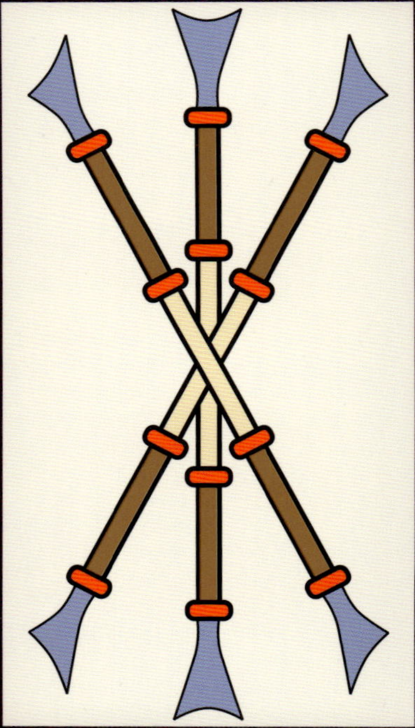

III DE BÂTON

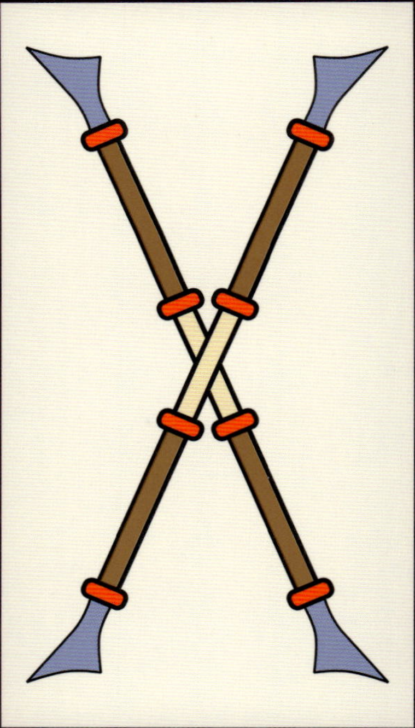

II DE BÂTON

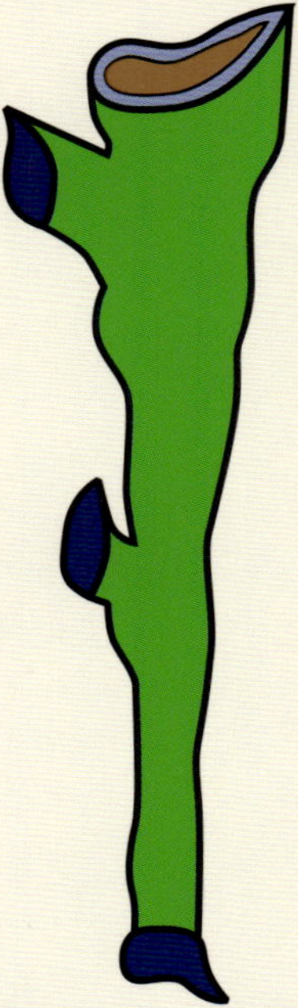

AS DE BÂTON

ROI DE DENIER

REINE DE DENIER

CAVALIER DE DENIER

VALET DE DENIER

X DE DENIER

VIIII DE DENIER

VIII DE DENIER

VII DE DENIER

VI DE DENIER

V DE DENIER

IIII DE DENIER

III DE DENIER

II DE DENIER

AS DE DENIER

LE MAT

XXI • LE MONDE

XX • LE JUGEMENT

XVIIII • LE SOLEIL

XVIII • LA LUNE

XVII • L'ÉTOILE

XVI • LA MAISON-DIEU

XV • LE DIABLE

XIIII • TEMPÉRANCE

XIII • L'ARCANE SANS NOM

XII • LE PENDU

XI • LA FORCE

X • LA ROUE DE FORTUNE

VIIII • L'HERMITE

VIII • LA JUSTICE

VII • LE CHARIOT

VI • L'AMOUREUX

V • LE PAPE

IIII • L'EMPEREUR

III • L'IMPÉRATRICE

II • LA PAPESSE

I • LE BATELEUR